OEUVRES

DE

J.-B. P. DE MOLIERE

II

DÉPIT AMOUREUX

JUSTIFICATION DU TIRAGE

Il a été fait pour les Amateurs un tirage spécial sur papiers de luxe, à 1,000 exemplaires, numérotés à la presse.

		NUMÉROS
125 exemplaires sur papier du Japon.		1 à 125
75 — sur papier de Chine.		126 à 200
200 — sur papier Vélin à la cuve.		201 à 400
600 — sur papier Vergé de Hollande.		401 à 1000

OEUVRES

DE

MOLIERE

ILLUSTRATIONS

PAR

JACQUES LEMAN

NOTICES

PAR

ANATOLE DE MONTAIGLON

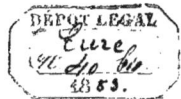

PARIS

CHEZ J. LEMONNYER, LIBRAIRE-EDITEUR

53 BIS QUAI DES GRANDS AUGUSTINS

M.DCCC.LXXXII

NOTICE DU DÉPIT AMOUREUX

ES deux pièces nouvelles, ou telles pour Paris », dit le Registre de La Grange en parlant de l'*Etourdi* et du *Dépit amoureux*, « ne contribuèrent pas peu au succès de la Troupe », qui joua pour la première fois à Paris, sur le Théâtre du Petit-Bourbon, le 3 octobre 1658. L'*Etourdi* avait été représenté à Lyon en janvier 1653 ; et l'on sait que le *Dépit* a été joué, vers la fin de l'année 1656, à Béziers, pendant la tenue des Etats de Languedoc, ouverts le 7 novembre.

Le *Dépit* est donc bien la seconde Pièce de Molière. Pourtant, malgré d'adorables parties, il est, dans l'ensemble, visiblement inférieur. Il a de même l'enchevêtrement de deux actions, l'une naturelle, mêlée de tendresse et de gaîtés, l'autre toute romanesque ; mais, dans le *Dépit*, celle-ci est longue, confuse et plus plaquée que dans l'*Etourdi*. La même différence se retrouve dans le style ; il est de même à remarquer que, dans les longueurs des explications, le *Dépit* est la seule Pièce de Molière — je ne parle pas de phrases volontairement suspendues ou interrompues — où il s'en rencontre de boiteuses, qui ne sont pas sur leurs pieds et ne finissent pas. Tout en ayant été joué longtemps après l'*Etourdi*, au moins d'après l'état de nos connaissances, ne se pourrait-il pas que le *Dépit* n'ait été, sinon terminé, au moins conçu et en partie écrit le premier ? Un détail pourrait le faire penser.

Les vers se composent de deux choses, de l'idée d'abord, et ensuite de la forme, dans laquelle la rime est une partie bien importante, très différente selon les temps comme selon les écrivains, et leur réunion est aussi indissoluble que celle de la trame et de la chaîne dans une étoffe. Or, en examinant les rimes de Molière, il est facile de reconnaître que ses quatre premières Pièces en vers appartiennent à une même période, et la cinquième à une autre. Au point de vue des rimes comme du style, il y a un monde entre, d'un côté, l'*Etourdi*, le *Dépit, Sganarelle, Dom Garcie,* et, de l'autre, l'*Ecole des Maris.* Les unes sont la jeunesse et le prologue, l'autre le commencement de la grande œuvre et l'entrée dans la pleine maturité. Les premières sont déjà remarquables par la merveilleuse richesse de rimes admirables, exactes, sonores, bien frappées, sorties du sens, inséparables de son expression, et aussi inattendues que naturelles, ce qui en est le mérite supérieur; mais elles ont aussi des rimes communes, véritables selles à tous chevaux, trop de mariages de rimes répétées dans le même ordre, et une trop grande prédominance de substantifs, d'adjectifs, d'adverbes, d'infinitifs et de participes rimant ensemble. Les quatre premières Pièces en vers sont, sous ce rapport, solidaires les unes des autres, et les rimes de ce genre, qui disparaissent presque complétement, à partir de l'*Ecole des Maris*, sont au contraire fréquentes dans les Pièces qui l'ont précédée. Molière y attachant alors moins d'importance et se contentant plus facilement, se châtiait et se surveillait moins. Plus tard il peut, il doit ne pas avoir mis plus de temps à écrire, mais sa facilité est évidemment plus mûrie; elle est devenue plus sévère pour elle-même, plus ferme et plus constamment sûre. Son outil, plus expérimenté, était mieux à sa main et lui obéissait du premier coup.

De plus, il y a des différences entre les quatre Pièces qui sont comme du même temps et dans les mêmes habitudes. Pour celles de leurs rimes qui se retrouvent dans toutes, c'est dans *Sganarelle* qu'elles se répètent le moins; dans l'*Etourdi*, elles se retrouvent plus habituellement; mais, dans *Dom Garcie* et dans le *Dépit*, elles sont bien autrement fréquentes. Celles qui ne se rencontrent qu'une fois dans *Sganarelle*, certainement écrit à Paris, et ne sont que deux fois dans l'*Etourdi*, se retrouvent jusqu'à trois, quatre, cinq et six fois dans *Dom Garcie* et dans le *Dépit*. Ce n'est pas au hasard et pour avoir parcouru le bord des pages que je puis l'affirmer, mais après un relevé complet, dont le résultat se constatait et s'imposait de lui-même; au lieu d'une supposition, c'est un fait. Il n'est pas bien considérable, mais il peut faire penser que le *Dépit* a été, sinon en totalité, au moins en partie conçu et écrit avant l'*Etourdi*, et serait par conséquent la première Pièce de Molière.

Au Théâtre, en Province comme à Paris, elle a été et reste la seconde; quand Boulanger de Chalussay vient de faire dire à Elomire : « *Je jouay* l'Estourdy, *qui fut une merveille* », il le fait ainsi continuer :

> *Mon Dépit amoureux suivit ce Frère aîné,*
> *Et ce charmant Cadet fut aussi fortuné,*
> *Car, quand du Gros-René l'on aperçeut la taille,*
> *Quand on vit sa Dondon rompre avec luy la paille,*
> *Quand on m'eut veu sonner mes grelots de mulets,*
> *Mon bègue dédaigneux, déchirer ses poulets*
> *Et remener chez soy la belle désolée,*
> *Ce ne fut que ah, ah, dans toute l'assemblée,*
> *Et de tous les costés chacun cria tout haut :*
> *« C'est là faire et jouer des Pièces comme il faut ».*
> *Le succès glorieux de ces deux grands ouvrages,*
> *Qui m'avoient mis au port après tant de naufrages,*
> *Me mit le cœur au ventre.........*

Cailhava cite comme la source de tout l'imbroglio d'Albert et d'Ascagne, un canevas italien, *La creduta maschio, La Fille crue garçon*; mais ces canevas italiens, qui d'ailleurs ne sont nullement datés, sont plutôt des remaniements que des inventions, et Molière n'en a pas eu besoin. Leur source commune, c'est *L'interesse, La cupidité*, comédie en prose du Seigneur Niccolo Secchi, imprimée à Venise en 1581, après la mort de l'auteur, et réimprimée en 1587 et 1628.

Quelques détails viennent d'ailleurs. Les salutations de Mascarille et les brusques réponses d'Albert (acte III, sc. II, v. 791-802) sont presque traduites de l'*Inavvertito* de Beltrame (acte I, sc. VII). Les interminables coqs-à-l'âne de Métaphraste (acte II, sc. VI), dont l'étymologie bouffonne de *Magister* est dans le *Boniface et le Pédant* de Bruno Nolano, traduit en français en 1633, viennent peut-être encore plus du Pancrace d'un contemporain de la jeunesse de Molière, Gillet de la Teyssonnerie, — dont le *Déniaisé* a été imprimé dès 1648 (acte I, sc. IV), — que de l'Hermogène de *L'interesse;* mais c'est la Pièce de Secchi qui est la source de plus de la moitié du *Dépit*. Si Molière en a changé tous les noms, s'il a profondément modifié l'action et creusé les caractères, il y a pris énormément, même beaucoup trop, car c'est la partie la plus faible et la plus vieillie, et pendant longtemps elle a nui à l'œuvre tout entière, qu'on ne représentait plus à cause d'elle.

Elle y est même si étrangère que l'idée de la couper aurait pu venir plus tôt. Au milieu du xviiie siècle elle a été réduite à un acte, croit-on, par un Comédien de province, nommé Armand Huguet, dont l'arrangement n'a pas été imprimé; puis en 1770, à deux actes, par Colson, dit Bellecour, et en 1773, par Letourneur, dit Valville. Parmi les nombreux remaniements de ce siècle, il suffit de rappeler qu'en 1801 Cailhava en a conservé les cinq actes dans une sorte de révision et que, en 1821, Andrieux l'a fait jouer au Gymnase en un acte. La meilleure réduction, malgré bien des suppressions regrettables, — Mascarille a forcément été coupé avec Ascagne, — est celle de Valville, entrée dans le répertoire des *Français* et que l'on joue encore.

Comme il y a en réalité deux sujets qui se côtoient sans se fondre, la suppression a forcément porté sur la comédie d'aventures. L'une des deux pièces est tellement de convention et l'autre si naturellement humaine que le métal, la fonte et la ciselure ne sont pas les mêmes. Autant le style de ce qui est venu de *L'interesse* est cherché et conventionnel, autant celui du « dépit » qui a si heureusement donné son nom à la Pièce, est simple, clair et exquis, si bien que le *Dépit*, tel que nous l'avons, pourrait bien avoir été remanié quand Molière l'a terminé. Toutes les aventures d'Ascagne pourraient bien avoir été écrites avant, et tout le duo des amoureux, ou si l'on veut le quatuor des Maîtres et des Valets, après *l'Étourdi*.

C'est là ce qui vit, ce qui a gardé la fleur de la jeunesse, parceque cela est de tous les temps, et aussi antique que moderne. Parménon, dans *l'Eunuque* de Térence (v. 59-61), le dit à son jeune Maître Phedria :

In amore omnia insunt vitia, injuriæ,
Suspiciones, inimicitiæ, induciæ,
Bellum, pax rursum......

Voilà toutes les misères de l'amour, les injures, les soupçons, les querelles, les trêves, la guerre et de nouveau la paix.

Dans *l'Andrienne*, Chremès le répète dans ce joli vers, dont on a fait plus tard honneur aux *Sentences* de Publius Syrus :

Amantium ira amoris iteratio est.

Colères d'amoureux, nouveau bail de tendresse.

Horace n'a pas dit autre chose dans son dialogue avec Lydie (Carminum III, IX) :

> Quand je te plaisais, changeante et perverse,
> Quand mon bras aimé, mon bras amoureux
> Entourait ton cou, j'étais plus heureux
> Que le Roi de Perse.....
>
> — Quand tu n'aimais pas Chloé, quand ta foi
> N'aimait, n'adorait, ingrat, que Lydie,
> L'illustre Ilia n'était, quoi qu'on die,
> Rien auprès de moi.
>
> — La Thrace Chloé, savante aux cymbales,
> Au luth, a mon cœur ; je ne craindrais pas
> De dire, pour elle, aux Parques fatales :
> Prenez mon trépas....
>
> — J'aime Calaïs ; il est de Tarente,
> Et fils d'Ornithus ; je ne craindrais pas
> Pour lui, par deux fois, au noir Rhadamanthe
> D'offrir mon trépas.
>
> — Si l'amour éteint couvait sous la cendre,
> Sous son joug d'airain s'il nous resserrait ;
> Si, laissant Chloé, sans me faire attendre,
> Ta porte s'ouvrait.....
>
> — Il est beau. Tantôt ta douceur enivre,
> Tantôt tes fureurs me font tressaillir,
> Mais c'est avec toi que j'aimerais vivre,
> Avec toi mourir.

Molière, en 1670, a dialogué de nouveau l'Ode d'Horace, sous les noms de Philinte et de Climène, dans le troisième Intermède des *Amants magnifiques*; Jean-Jacques Rousseau en a fait de même un duo de son Colin et de sa Colette dans le *Devin de village*, et l'*Horace et Lydie* de Ponsard n'est qu'une variation sur le même thème. C'est un lieu commun à coup sûr, mais un lieu commun éternel, comme tous les sentiments, les bons et même les mauvais, comme toutes les passions et toutes les situations, comme tous les caractères, comme tout ce qui est le fond de la vie et la matière, toujours vieille et toujours renouvelée par la forme et par l'expression, de la poésie, du théâtre et du roman ; mais la meilleure imitation qu'on ait faite d'Horace est celle du *Dépit* parceque la seule bonne manière d'imiter, c'est de créer en même temps. Il est vrai que cela n'est pas à la disposition de tout le monde.

De plus, il y a, dans le *Dépit*, le premier exemple d'une des valeurs les plus nouvelles, les plus surprenantes et les plus caractéristiques de Molière. Dans la Comédie, comme dans le Drame et la Tragédie, les femmes sont la vie du Théâtre, mais surtout parce qu'on exagère la passion et qu'on les met dans des situations violemment exceptionnelles. La vraie jeune femme, la vraie jeune fille et l'honnête amour y sont plus que rares, parcequ'il y a là quelque chose de trop uni, de trop peu bruyant pour porter au-delà de la rampe et éclater en coups de tonnerre. C'est au contraire un des mérites uniques de Molière de les avoir comprises et peintes de la façon la plus profondément juste et exquise. On n'en finirait pas si l'on voulait citer toutes celles qui sont la joie, le charme et l'honneur de son Théâtre ; personne, ni avant ni après, ne les a comprises et rendues comme lui. Rien n'égale la simplicité, la droiture, la fleur d'honnêteté qu'il leur donne, ou plutôt qu'il leur garde, et avec lesquelles il les fait sentir, agir et parler. C'est avec une sobriété rare et par des traits légers, par un mot, que, sans en avoir l'air, il les enlève en relief et les met en pleine lumière sans qu'elles puissent même s'en apercevoir et sans leur rien faire perdre de leurs délicatesses craintives, de leur horreur naturelle de la pose et de l'exagération. Ici le dernier mot de Lucile : *Remenez-moi chez nous,* qui, sans le dire, dit tout ce qu'elle pense, est une pure merveille ; c'est la première marque de l'honnêteté profonde qui se dégage de l'ensemble de l'œuvre de Molière.

Par contre, une des gaîtés et un des triomphes du *Dépit*, c'est d'avoir repris et d'avoir traité tout différemment, en changeant de clef et en passant d'un ton dans un autre, les mêmes sentiments et la même situation. La querelle et la paille rompue du Gros-René et de Marinette, si comiquement gaies, augmentent par le contraste le charme de la délicatesse qu'on vient d'entendre, et que rien autre ne pouvait aussi bien interrompre et continuer. C'est le duo bouffe après la poésie, et Mozart n'eût pas mieux fait.

Molière, qui du reste a trouvé l'idée scénique de cette contre-partie dans plus d'une Pièce du Théâtre Espagnol, où elle est fréquente, surtout dans Caldéron, a plus d'une fois repris ce motif, en le changeant toujours, avec une fécondité bien variée. Élise et Don Alvar à côté de Done Elvire et de Dom Garcie; dans *L'Ecole des femmes*, Alain et Georgette à côté d'Horace et d'Agnés; dans *Georges Dandin*, Lubin et Annette à côté de Clitandre et d'Angélique; Sosie et Cléanthis à côté d'Amphitryon et d'Alcmène; dans le *Bourgeois Gentilhomme*, Covielle et Nicole à côté de Cléonte et de Lucile, sont, à des degrés différents, une reprise du dédoublement de Marinette et de Lucile en face de Gros-René et d'Éraste.

Il y a même tout un groupe d'œuvres charmantes qui en est sorti. L'auteur du *Jeu de l'amour et du hasard* a raffiné. Il a brodé, il a interverti les rôles par des complications de déguisements. Il a été moins simple et plus fin, mais c'est de là qu'il est parti; c'est la querelle du *Dépit amoureux* qui est le fond même et la Muse de tout le Théâtre de Marivaux.

ANATOLE DE MONTAIGLON.

DEPIT
AMOUREUX

M. DC. LVI.

Jacques Leman del.   J. Lemonnyer, Editeur   Champollion sc.

LE DÉPIT AMOUREUX

DEPIT AMOUREUX

COMEDIE

REPRESENTEE SUR LE THEATRE DU PALAIS ROYAL

D E

J.B.P. MOLIERE

A PARIS

CHEZ CLAUDE BARBIN AU PALAIS

SUR LE DEGRE DEVANT LA SAINTE CHAPELLE

AU SIGNE DE LA CROIX

M.DC.LXIII.

AVEC PRIVILEGE DU ROY

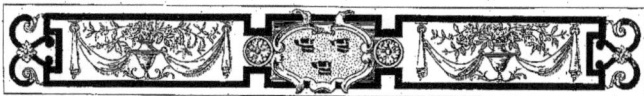

A MONSIEUR

Monsieur HOURLIER

Escuyer, Sieur de Méricourt,
Conseiller du Roy,
Lieutenant général Civil et Criminel
au Baillage du Palais a Paris

Monsieur

S I cette Pièce n'avoit reçeu les applaudissemens de toute la France, si elle n'avoit esté le charme de Paris, et si elle n'avoit esté le divertissement du plus grand Monarque de la Terre, je ne prendrois pas la liberté de vous l'offrir. Il y a long-temps que j'avois résolu de vous présenter quelque chose qui vous marquast mes respects; mais, ne trouvant rien qui fût digne de vous estre offert et qui fût proportionné à vos mérites, j'avois toujours différé le juste et respectueux hommage que je m'étois proposé de vous rendre, et j'eusse peut-estre encore tardé long-temps à le faire si *le Dépit Amoureux* de l'Autheur le plus approuvé de ce Siècle ne me fût tombé entre les mains. J'ay cru, Monsieur, que je ne devois pas laisser échapper cette occasion de satisfaire aux loix que je m'estois imposées et que, tous les gens d'esprit demandans tous les jours cette Pièce pour avoir le plaisir de la lecture comme ils ont eu celui de la représentation, ils seroient bien aises de rencontrer vôtre nom à la teste. Pour moy, Monsieur, ma joye sera tout à fait grande de le voir passer, non seulement dans plusieurs mains, mais encor dans la bouche des plus

II.   2*

charmantes personnes du monde. C'est alors que chacun se souviendra
de toutes les belles et avantageuses qualitez que vous possédez, que les
uns loueront vôtre Prudence, les autres vôtre esprit, les autres vôtre Justice, les autres la douceur qui est inséparable de tout ce que vous faites
et qui est si vivement dépeinte sur vôtre visage, qu'il n'est personne qui
puisse douter que vos actions en soient remplies. Jugez, Monsieur, quelle
satisfaction j'auray de sçavoir que l'on rendra à vôtre mérite ce qui luy est
deu, que l'on vous donnera des louanges que vous avez si légitimement
méritées, que l'on m'estimera d'avoir fait un si juste choix et si glorieux
pour moy, et que l'on louera le zéle et le respect avec lequel je suis,

Monsieur,

Vostre très humble et très obéissant serviteur

G. QUINET.

Extrait du Privilège du Roy.

————

Par Grâce et Privilège du Roy, donné à Paris le dernier jour de May 1660, signé LE JUGE, *il est permis au Sieur* MOLIERE *de faire imprimer une Pièce de Théâtre, intitulée* Le Dépit Amoureux, *pendant l'espace de cinq années, à commancer du jour que le dit livre sera achevé d'imprimer, et deffences sont faites à tous autres de l'imprimer, à peine de ce qui est porté par les dites Lettres.*

Et ledit Sieur MOLIERE a cédé et transporté son droict de Privilège à CLAUDE BARBIN et GABRIEL QUINET, Marchands Libraires à Paris, pour en jouir le temps porté par iceluy.

Achevé d'imprimer, le vingt-quatre Novembre 1662.

Registré sur le Livre de la Communauté.....
Le vingt-sept Octobre 1662.

Signé : DUBRAY, Sindic.

Les exemplaires ont esté fournis.

ÉRASTE, Amant de Lucile.

ALBERT, Père de Lucile.

GROS-RENÉ, Valet d'Éraste.

VALÈRE, Fils de Polidore.

LUCILE, Fille d'Albert.

MARINETTE, Suivante de Lucile.

POLIDORE, Père de Valère.

FROSINE, Confidente d'Ascagne.

ASCAGNE, Fille sous l'habit d'homme.

MASCARILLE, Valet de Valère.

MÉTAPHRASTE, Pédant.

LA RAPIÈRE, Breteur.

ACTE PREMIER

SCÈNE PREMIÈRE

ÉRASTE, GROS-RENÉ

ÉRASTE

VEUX-TU que je te die ? Une
  atteinte secrette
Ne laisse point mon âme en
  une bonne assiette.
Ouy, quoi qu'à mon amour
  tu puisses répartir,
Il craint d'estre la dupe, à ne
  te point mentir ;
Qu'en faveur d'un Rival ta foy ne se corrompe,
Ou, du moins, qu'avec moy toy-mesme on ne te trompe

GROS-RENÉ

Pour moy, me soupçonner de quelque mauvais tour,
Je diray, n'en déplaise à Monsieur vôtre Amour,
Que c'est injustement blesser ma prud'hommie
Et se connoistre mal en phisionomie.
Les gens de mon minois ne sont point accusez
D'estre, grâces à Dieu, ny fourbes ny rusez.
Cet honneur qu'on nous fait, je ne le démens guères,
Et suis homme fort rond, de toutes les manières.
Pour que l'on me trompast, cela se pourroit bien ;
Le doute est mieux fondé ; pourtant, je n'en croy rien.
Je ne voy point encore, ou je suis une beste,
Sur quoy vous avez pu prendre martel en teste.
Lucile, à mon avis, vous montre assez d'amour ;
Elle vous voit, vous parle, à toute heure du jour,
Et Valère, après tout, qui cause votre crainte,
Semble n'estre à présent souffert que par contrainte.

ÉRASTE

Souvent d'un faux espoir un amant est nourry ;
Le mieux reçeu toujours n'est pas le plus chéry,
Et tout ce que d'ardeur font paroistre les femmes
Parfois n'est qu'un beau voile à couvrir d'autres flames.
Valère enfin, pour estre un amant rebuté,
Montre, depuis un temps, trop de tranquilité ;
Et ce qu'à ces faveurs, dont tu crois l'apparence,

Il tesmoigne de joye ou bien d'indifférence,
M'empoisonne à tous coups leurs plus charmans appas,
Me donne ce chagrin que tu ne comprens pas,
Tient mon bon-heur en doute, et me rend difficile
Une entière croyance aux propos de Lucile.
Je voudrois, pour trouver un tel destin plus doux,
Y voir entrer un peu de son transport jaloux,
Et sur ses déplaisirs et son impatience
Mon âme prendroit lors une pleine assurance.
Toy-mesme, pense-tu qu'on puisse, comme il fait,
Voir chérir un Rival d'un esprit satisfait ?
Et, si tu n'en crois rien, dy-moy, je t'en conjure,
Si j'ay lieu de rêver dessus cette avanture.

GROS-RENÉ

Peut-estre que son cœur a changé de desirs,
Connoissant qu'il poussoit d'inutiles soupirs.

ÉRASTE

Lors que par les rebuts une âme est détachée,
Elle veut fuir l'objet dont elle fut touchée,
Et ne rompt point sa chaisne avec si peu d'éclat
Qu'elle puisse rester en un paisible état.
De ce qu'on a chéry la fatale présence
Ne nous laisse jamais dedans l'indifférence,
Et, si de cette veue on n'acroist son dédain,
Notre amour est bien près de nous rentrer au sein.

Enfin, croy-moy, si bien qu'on éteigne une flame,
Un peu de jalousie occupe encore une âme ;
Et l'on ne sçauroit voir, sans en estre piqué,
Posséder par un autre un cœur qu'on a manqué.

GROS-RENÉ

Pour moy, je ne sçay point tant de philosophie ;
Ce que voyent mes yeux, franchement je m'y fie,
Et ne suis point de moy si mortel ennemy
Que je m'aille affliger, sans sujet ny demy.
Pourquoy subtiliser, et faire le capable
A chercher des raisons pour estre misérable ?
Sur des soupçons en l'air je m'irois allarmer !
Laissons venir la Feste avant que la chômer.
Le chagrin me paroist une incommode chose ;
Je n'en prens point, pour moy, sans bonne et juste cause,
Et mesmes à mes yeux cent sujets d'en avoir
S'offrent le plus souvent, que je ne veux pas voir.
Avec vous, en amour, je cours mesme fortune ;
Celle que vous aurez me doit estre commune ;
La Maistresse ne peut abuser votre foy
A moins que la Suivante en fasse autant pour moy,
Mais j'en fuis la pensée avec un soin extrême.
Je veux croire les gens quand on me dit : « Je t'ayme »,
Et ne vais point chercher, pour m'estimer heureux,
Si Mascarille, ou non, s'arrache les cheveux.

Que, tantost, Marinette endure qu'à son ayse
Jodelet par plaisir la caresse et la baise,
Et que ce beau rival en rie ainsi qu'un foû,
A son exemple aussi j'en riray tout mon saoû,
Et l'on verra qui rit avec meilleure grâce.

ÉRASTE

Voilà de tes discours.

GROS-RENÉ

Mais je la voy qui passe.

SCÈNE II

MARINETTE, ÉRASTE, GROS-RENÉ

GROS-RENÉ

St, Marinette !

MARINETTE

Ho, ho ! Que fais-tu là ?

GROS-RENÉ

Ma foy,
Demande ; nous étions tout à l'heure sur toy.

MARINETTE

Vous estes aussi là, Monsieur ! Depuis une heure
Vous m'avez fait troter comme un Basque, je meure.

ÉRASTE

Comment ?

MARINETTE

Pour vous chercher j'ay fait dix mille pas,
Et vous promets, ma foy.....

ÉRASTE

Quoy ?

MARINETTE

Que vous n'estes pas
Au Temple, au Cours, chez vous, ny dans la grande Place.

GROS-RENÉ

Il falloit en jurer.

ÉRASTE

Aprend-moy donc, de grâce,
Qui te fait me chercher ?

MARINETTE

Quelqu'un, en vérité,
Qui pour vous n'a pas trop mauvaise volonté ;
Ma Maistresse, en un mot.

ÉRASTE

Ah, chère Marinette,
Ton discours de son cœur est-il bien l'interprète ?

Ne me déguise point un mistère fatal,
Je ne t'en voudray pas pour cela plus de mal ;
Au nom des Dieux, dy-moy si ta belle Maistresse
N'abuse pas mes vœux d'une fausse tendresse.

MARINETTE

Hé, hé, d'où vous vient donc ce plaisant mouvement ?
Elle ne fait pas voir assez son sentiment ?
Quel garant est-ce encor que vôtre amour demande ?
Que luy faut-il ?

GROS-RENÉ

A moins que Valère se pende,
Bagatelle ; son cœur ne s'asseurera point.

MARINETTE

Comment ?

GROS-RENÉ

Il est jaloux jusques en un tel point.

MARINETTE

De Valère ? Ha, vrayment, la pensée est bien belle !
Elle peut seulement naistre en vôtre cervelle.
Je vous croyois du sens, et jusqu'à ce moment
J'avois de vôtre esprit quelque bon sentiment ;
Mais, à ce que je voy, je m'estois fort trompée.
Ta teste de ce mal est-elle aussi frapée ?

GROS-RENÉ

Moi, jaloux ? Dieu m'en garde, et d'estre assez badin
Pour m'aller emmaigrir avec un tel chagrin !
Outre que de ton cœur ta foy me cautionne,
L'opinion que j'ay de moy-mesme est trop bonne
Pour croire, auprès de moy, que quelqu'autre te plût.
Où diantre pourrois-tu trouver qui me valust ?

MARINETTE

En effet, tu dis bien ; voilà comme il faut estre.
Jamais de ces soupçons qu'un jaloux fait paroistre ;
Tout le fruit qu'on en cueille est de se mettre mal,
Et d'avancer par là les desseins d'un Rival ;
Au mérite souvent, de qui l'éclat vous blesse,
Vos chagrins font ouvrir les yeux d'une Maistresse,
Et j'en sçay tel qui doit son destin le plus doux
Aux soins trop inquiets de son Rival jaloux.
Enfin, quoy qu'il en soit, témoigner de l'ombrage,
C'est jouer en amour un mauvais personnage,
Et se rendre, après tout, misérable à crédit.
Cela, Seigneur Éraste, en passant vous soit dit.

ÉRASTE

Hé bien, n'en parlons plus. Que venois-tu m'apprendre ?

MARINETTE

Vous mériteriez bien que l'on vous fît attendre ;

Qu'afin de vous punir je vous tinsse caché
Le grand secret pourquoy je vous ay tant cherché.
Tenez, voyez ce mot, et sortez hors de doute.
Lisez-le donc tout haut; personne icy n'écoute.

ÉRASTE *lit :*

Vous m'avez dit que vôtre amour
Estoit capable de tout faire;
Il se couronnera luy-mesme dans ce jour
S'il peut avoir l'aveu d'un père.
Faites parler les droits qu'on a dessus mon cœur;
Je vous en donne la licence,
Et, si c'est en votre faveur,
Je vous répons de mon obéissance.

Ha, quel bon-heur! O toy, qui me l'as apporté,
Je te dois regarder comme une Déité.

GROS-RENÉ

Je vous le disois bien contre votre croyance;
Je ne me trompe guère aux choses que je pense.

ÉRASTE *relit :*

Faites parler les droits qu'on a dessus mon cœur;
Je vous en donne la licence,
Et, si c'est en votre faveur,
Je vous répons de mon obéissance.

II.   4

MARINETTE

Si je luy raportois vos foiblesses d'esprit,
Elle désavoueroit bient-tost un tel écrit.

ÉRASTE

Ha, cache-luy, de grâce, une peur passagère,
Où mon âme a creu voir quelque peu de lumière,
Ou, si tu la luy dis, adjouste que ma mort
Est preste d'expier l'erreur de ce transport;
Que je vais à ses pieds, si j'ay pu luy déplaire,
Sacrifier ma vie à sa juste colère.

MARINETTE

Ne parlons point de mort; ce n'en est point le temps.

ÉRASTE

Au reste, je te dois beaucoup, et je prétens
Reconnoistre dans peu de la bonne manière
Les soins d'une si noble et si belle Courrière.

MARINETTE

A propos; sçavés-vous où je vous ay cherché
Tantost encore ?

ÉRASTE

Hé bien ?

MARINETTE

Tout proche du Marché,

Où vous sçavez.

ÉRASTE

Où donc ?

MARINETTE

Là... dans cette boutique
Où, dès le mois passé, vostre cœur magnifique
Me promit, de sa grâce, une bague.

ÉRASTE

Ha, j'entends.

GROS-RENÉ

La matoise !

ÉRASTE

Il est vray, j'ay tardé trop long-temps
A m'acquitter vers toy d'une telle promesse,
Mais...

MARINETTE

Ce que j'en ay dit n'est pas que je vous presse.

GROS-RENÉ

Ho, que non !

ÉRASTE

Celle-cy peut-estre aura de quoy
Te plaire. Accepte-la pour celle que je doy.

MARINETTE

Monsieur, vous vous moquez; j'aurois honte à la prendre.

GROS-RENÉ

Pauvre honteuse, pren, sans davantage attendre.
Refuser ce qu'on donne est bon à faire aux foux.

MARINETTE

Ce sera pour garder quelque chose de vous.

ÉRASTE

Quand puis-je rendre grâce à cet Ange adorable ?

MARINETTE

Travaillez à vous rendre un père favorable.

ÉRASTE

Mais, s'il me rebutoit, dois-je...

MARINETTE

A lors comme à lors;
Pour vous on employra toutes sortes d'efforts.
D'une façon ou d'autre, il faut qu'elle soit vostre;
Faites vôtre pouvoir, et nous ferons le nôtre.

ÉRASTE

Adieu; nous en sçaurons le succès dans ce jour.

MARINETTE

Et nous, que dirons-nous aussi de nôtre amour ?
Tu ne m'en parles point.

GROS-RENÉ

Un hymen qu'on souhaite,
Entre gens comme nous, est chose bien tost faite.
Je te veux. Me veux-tu de mesme ?

MARINETTE

Avec plaisir.

GROS-RENÉ

Touche ; il suffit.

MARINETTE

Adieu, Gros-René, mon desir ;

GROS-RENÉ

Adieu, mon astre ;

MARINETTE

Adieu, beau tison de ma flame ;

GROS-RENÉ

Adieu, chère comète, arc-en-ciel de mon âme.
— Le bon Dieu soit loué ; nos affaires vont bien ;
Albert n'est pas un homme à vous refuser rien.

ÉRASTE

Valère vient à nous.

GROS-RENÉ

Je plains le pauvre hère,
Sçachant ce qui se passe.

SCÈNE III

ÉRASTE, VALÈRE, GROS-RENÉ

ÉRASTE

Hé bien, Seigneur Valère!

VALÈRE

Hé bien, Seigneur Éraste?

ÉRASTE

En quel état l'amour?

VALÈRE

En quel état vos feux?

ÉRASTE

Plus forts de jour en jour.

VALÈRE

Et mon amour plus fort.

ÉRASTE

Pour Lucile?

VALÈRE

Pour elle.

ÉRASTE

Certes, je l'avoûeray, vous estes le modelle

D'une rare constance

VALÈRE

Et vôtre fermeté

Doit estre un rare exemple à la Postérité.

ÉRASTE

Pour moy, je suis peu fait à cet amour austère,
Qui dans les seuls regards treuve à se satisfaire,
Et je ne forme point d'assez beaux sentimens
Pour souffrir constamment les mauvais traitemens;
Enfin, quand j'ayme bien, j'ayme fort que l'on m'ayme.

VALÈRE

Il est très naturel, et j'en suis bien de mesme.
Le plus parfait objet dont je serois charmé
N'auroit pas mes tributs, n'en estant point aymé.

ÉRASTE

Lucile cependant...

VALÈRE

Lucile, dans son âme,

Rend tout ce que je veux qu'elle rende à ma flame.

ÉRASTE

Vous estes donc facile à contenter ?

VALÈRE

Pas tant

Que vous pourriez penser.

ÉRASTE

            Je puis croire pourtant,
Sans trop de vanité, que je suis en sa grâce.

VALÈRE

Moy, je sçay que j'y tiens une assez bonne place.

ÉRASTE

Ne vous abusez point; croyez-moy.

VALÈRE

              Croyez-moy;
Ne laissez point duper vos yeux à trop de foy.

ÉRASTE

Si j'osois vous monstrer une preuve assurée
Que son cœur... Non, vostre âme en seroit altérée.

VALÈRE

Si je vous osois, moy, descouvrir en secret...
Mais je vous fâcherois, et veux estre discret.

ÉRASTE

Vrayment. Vous me poussez, et contre mon envie
Vostre présomption veut que je l'humilie.
Lisez.

VALÈRE

    Ces mots sont doux.

ÉRASTE

            Vous connoissez la main.

VALÈRE

Ouy, de Lucile.

ÉRASTE

Hé bien ? Cet espoir si certain...

VALÈRE *riant:*

Adieu, Seigneur Éraste.

GROS-RENÉ

Il est fou, le bon Sire.
Où vient-il donc, pour luy, de voir le mot pour rire ?

ÉRASTE

Certes, il me surprend, et j'ignore, entre nous,
Quel diable de mistère est caché là-dessous.

GROS-RENÉ

Son Valet vient, je pense.

ÉRASTE

Ouy, je le voy paroistre.
Feignons, pour le jetter sur l'amour de son Maistre.

SCÈNE IV

MASCARILLE, ERASTE, GROS-RENÉ

MASCARILLE

Non, je (ne) trouve point d'estat plus mal-heureux
Que d'avoir un patron jeune et fort amoureux.

II.   5

GROS-RENÉ

Bon-jour.

MASCARILLE

Bon-jour.

GROS-RENÉ

Où tend Mascarille à cette heure ?
Que fait-il ? Revient-il ? Va-t-il, ou s'il demeure ?

MASCARILLE

Non, je ne reviens pas, car je n'ay pas esté ;
Je ne vais pas aussi, car je suis arresté,
Et ne demeure point, car, tout de ce pas mesme,
Je prétens m'en aller.

ÉRASTE

La rigueur est extrême ;
Doucement, Mascarille.

MASCARILLE

Ha, Monsieur, serviteur.

ÉRASTE

Vous nous fuyez bien viste. Hé quoy, vous fay-je peur ?

MASCARILLE

Je ne croy pas cela de vôtre courtoisie.

ÉRASTE

Touche ; nous n'avons plus sujet de jalousie,

Nous devenons amis, et mes feux, que j'éteins,
Laissent la place libre à vos heureux desseins.

MASCARILLE

Pleust à Dieu !

ÉRASTE

Gros-René sçait qu'ailleurs je me jette.

GROS-RENÉ

Sans doute, et je te cède aussi la Marinette.

MASCARILLE

Passons sur ce poinct-là ; nôtre rivalité
N'est pas pour en venir à grande extrémité,
Mais est-ce un coup bien seur que vôtre Seigneurie
Soit dès-énamourée, ou si c'est raillerie ?

ÉRASTE

J'ay sçeu qu'en ses amours ton Maistre estoit trop bien,
Et je serois un fou de prétendre plus rien
Aux estroites faveurs qu'il a de cette belle.

MASCARILLE

Certes, vous me plaisez avec cette nouvelle.
Outre qu'en nos projets je vous craignois un peu,
Vous tirez sagement vôtre épingle du jeu.
Ouy, vous avez bien fait de quitter une place
Où l'on vous caressoit pour la seule grimace,
Et mille fois, sçachant tout ce qui se passoit,

J'ay plaint le faux espoir dont on vous repaissoit.
On offense un brave homme alors que l'on l'abuse,
Mais d'où diantre, après tout, avez-vous sçeu la ruse ?
Car cet engagement mutuel de leur foy
N'eut pour témoins, la nuit, que deux autres et moy,
Et l'on croit jusqu'icy la chaîne fort secrette
Qui rend de nos amans la flame satisfaite.

ÉRASTE

Hé ! Que dis-tu ?

MASCARILLE

      Je dis que je suis interdit,
Et ne sçay pas, Monsieur, qui peut vous avoir dit
Que, sous ce faux semblant qui trompe tout le monde
En vous trompant aussi, leur ardeur sans seconde
D'un secret mariage a serré le lien.

ÉRASTE

Vous en avez menty !

MASCARILLE

      Monsieur, je le veux bien.

ÉRASTE

Vous estes un coquin !

MASCARILLE

      D'acord.

ÉRASTE

Et cette audace

Mériteroit cent coups de baston sur la Place.

MASCARILLE

Vous avez tout pouvoir.

ÉRASTE

Ha! Gros-René.....

GROS-RENÉ

Monsieur.

ÉRASTE

Je démens un discours, dont je n'ay que trop peur.

A Mascarille :

Tu penses fuyr.

MASCARILLE

Nenny.

ÉRASTE

Quoy! Lucile est la Femme...

MASCARILLE

Non, Monsieur; je raillois.

ÉRASTE

Ha, vous raillez, infâme.

MASCARILLE

Non, je ne raillois point.

ÉRASTE

Il est donc vray ?

MASCARILLE

Non pas ;

Je ne dis pas cela.

ÉRASTE

Que dis-tu donc ?

MASCARILLE

Hélas !

Je ne dy rien, de peur de mal parler.

ÉRASTE

Asseure,

Ou si c'est chose vraye, ou si c'est imposture.

MASCARILLE

C'est ce qu'il vous plaira. Je ne suis pas icy
Pour vous rien contester.

ÉRASTE

Veux-tu dire ? Voicy,

Sans marchander, de quoy te délier la langue.

MASCARILLE

Elle ira faire encor quelque sotte harangue.
Hé, de grâce, plûtost, si vous le trouvez bon,
Donnez-moy vistement quelques coups de baston,
Et me laissez tirer mes chausses, sans murmure.

ÉRASTE

Tu mourras, ou je veux que la vérité pure
S'exprime par ta bouche.

MASCARILLE

Hélas! je la diray,
Mais peut-estre, Monsieur, que je vous fascheray.

ÉRASTE

Parle, mais prend bien garde à ce que tu vas faire.
A ma juste fureur rien ne te peut soustraire,
Si tu mens d'un seul mot en ce que tu diras.

MASCARILLE

J'y consens. Rompez-moy les jambes et les bras ;
Faites-moy pis encor, tuez-moy, si j'impose,
En tout ce que j'ay dit icy, la moindre chose.

ÉRASTE

Ce mariage est vray ?

MASCARILLE

Ma langue, en cet endroit,
A fait un pas de clerc, dont elle s'aperçoit ;
Mais, enfin, cette affaire est comme vous la dites,
Et c'est après cinq jours de nocturnes visites,
Tandis que vous serviez à mieux couvrir leur jeu,
Que, depuis avant-hier, ils sont joints de ce nœu ;

Et Lucile, depuis, fait encor moins paroistre
La violente amour qu'elle porte à mon Maistre,
Et veut absolument que tout ce qu'il verra,
Et qu'en vôtre faveur son cœur témoignera,
Il l'impute à l'effet d'une haute prudence,
Qui veut de leurs secrets oster la connoissance.
Si, malgré mes sermens, vous doutez de ma foy,
Gros-René peut venir une nuit avec moy,
Et je luy feray voir, estant en sentinelle,
Que nous avons dans l'ombre un libre accèz chez elle.

ÉRASTE

Oste-toy de mes yeux, maraut!

MASCARILLE

                    Et de grand cœur ;
C'est ce que je demande.

ÉRASTE

                Hé bien ?

GROS RENÉ

                          Hé bien, Monsieur,
Nous en tenons tous deux, si l'autre est véritable.

ÉRASTE

Las, il ne l'est que trop, le bourreau détestable.
Je voy trop d'aparence à tout ce qu'il a dit,
Et ce qu'a fait Valère, en voyant cet écrit,

Marque bien leur concert, et que c'est une baye
Qui sert, sans doute, aux feux dont l'ingrate le paye.

SCÈNE V

MARINETTE, GROS-RENÉ, ÉRASTE

MARINETTE

Je viens vous avertir que tantost, sur le soir,
Ma Maistresse au jardin vous permet de la voir.

ÉRASTE

Oses-tu me parler, ame double, et traistresse!
Va, sors de ma présence, et dis à ta Maistresse
Qu'avec(que) ses écrits elle me laisse en paix,
Et que voilà l'état, infâme! que j'en fais.

MARINETTE

Gros-René, dy-moy donc, quelle mouche le pique?

GROS-RENÉ

M'oses-tu bien encor parler, femelle inique,
Crocodile trompeur, de qui le cœur félon
Est pire qu'un Satrape, ou bien qu'un Lestrigon?
Va, va rendre réponse à ta bonne Maistresse,
Et luy dy, bien et beau, que, malgré sa souplesse,
Nous ne sommes plus sots, ny mon Maistre, ny moy,
Et désormais qu'elle aille au Diable avecque toy.

II. 6

MARINETTE

Ma pauvre Marinette, es-tu bien éveillée ?
De quel Démon est donc leur âme travaillée ?
Quoy ! Faire un tel accueil à nos soins obligeans !
O, que cecy chez nous va surprendre les gens !

Prenons garde qu'aucun ne nous vienne surprendre

ACTE II

SCÈNE PREMIÈRE

ASCAGNE, FROSINE

FROSINE

SCAGNE, je suis fille à secret,
    Dieu mercy.

ASCAGNE

Mais, pour un tel discours,
    sommes-nous bien icy ?
Prenons garde qu'aucun ne
    nous vienne surprendre,
Ou que de quelque endroit on ne nous puisse entendre.

FROSINE

Nous serions, au logis, beaucoup moins seurement ;
Icy, de tous costez on découvre aysément,
Et nous pouvons parler avec toute asseurance.

ASCAGNE

Hélas, que j'ay de peine à rompre mon silence !

FROSINE

Ouay ! Cecy doit donc estre un important secret ?

ASCAGNE

Trop, puisque je le fie à vous-mesme à regret
Et que, si je pouvois le cacher davantage,
Vous ne le sçauriez point.

FROSINE

             Ha, c'est me faire outrage.
Feindre à s'ouvrir à moy, dont vous avez connu,
Dans tous vos intérêts, l'esprit si retenu ?
Moy, nourrie avec vous, et qui tiens sous silence
Des choses qui vous sont de si grande importance,
Qui sçais...

ASCAGNE

          Ouy, vous sçavez la secrette raison
Qui cache aux yeux de tous mon sexe et ma Maison ;
Vous sçavez que, dans celle où passa mon bas âge,
Je suis pour y pouvoir retenir l'héritage

Que relaschoit ailleurs le jeune Ascagne mort,
Dont mon déguisement fait revivre le sort,
Et c'est aussi pourquoy ma bouche se dispense
A vous ouvrir mon cœur avec plus d'asseurance.
Mais, avant que passer, Frosine, à ce discours,
Éclaircissez un doute, où je tombe tousjours.
Se pourroit-il qu'Albert ne sçeût rien du mistère
Qui masque ainsi mon sexe et l'a rendu mon père ?

FROSINE

En bonne foy, ce poinct, sur quoy vous me pressez,
Est une affaire aussi qui m'embarrasse assez ;
Le fond de cette intrigue est pour moy lettre close,
Et ma mère ne put m'éclaircir mieux la chose..
Quand il mourut, ce fils, l'objet de tant d'amour,
Au destin de qui mesme, avant qu'il vinst au jour,
Le testament d'un oncle, abondant en richesses,
D'un soin particulier avoit fait des largesses,
Et que sa mère fit un secret de sa mort,
De son espoux absent redoutant le transport
S'il voyoit chez un autre aller tout l'héritage
Dont sa Maison tiroit un si grand avantage ;
Quand, dis-je, pour cacher un tel évènement,
La supposition fut de son sentiment
Et qu'on vous prit chez nous, où vous estiez nourrie,
— Vôtre mère d'accord de cette tromperie,

Qui remplaçoit ce fils à sa garde commis —
En faveur des présens le secret fut promis.
Albert ne l'a point sçeu de nous, et pour sa Femme,
L'ayant plus de douze ans conservé dans son âme,
Comme le mal fut prompt dont on la vit mourir,
Son trépas impréveu ne put rien découvrir.
Mais, cependant, je voy qu'il garde intelligence
Avec celle de qui vous tenez la naissance ;
J'ay sçeu qu'en secret mesme, il luy faisoit du bien,
Et peut-estre cela ne se fait pas pour rien.
D'autre part, il vous veut porter au mariage,
Et, comme il le prétend, c'est un mauvais langage.
Je ne sçay s'il sçauroit la supposition
Sans le déguisement, mais la digression
Tout insensiblement pourroit trop loin s'étendre ;
Revenons au secret, que je brûle d'apprendre.

ASCAGNE

Sçachez donc que l'Amour ne sçait point s'abuser,
Que mon sexe à ses yeux n'a peu se déguiser,
Et que ses traits subtils, sous l'habit que je porte,
Ont sçeu trouver le cœur d'une fille peu forte :
J'ayme enfin.

FROSINE

Vous aymez ?

ASCAGNE

Frosine, doucement ;

N'entrez pas tout à fait dedans l'étonnement;
Il n'est pas temps encore, et ce cœur, qui soupire,
A bien, pour vous surprendre, autre chose à vous dire.

FROSINE

Et quoy ?

ASCAGNE

J'ayme Valère.

FROSINE

Ha, vous aviez raison.
L'objet de votre amour, luy, dont à la Maison
Vôtre imposture enlève un puissant héritage,
Et qui, de votre sexe ayant le moindre ombrage,
Verroit incontinent ce bien luy retourner,
C'est encore un plus grand sujet de s'étonner !

ASCAGNE

J'ay de quoy, toutefois, surprendre plus vostre âme :
Je suis sa Femme.

FROSINE

O Dieux! Sa Femme!

ASCAGNE

Ouy, sa Femme.

FROSINE

Ha certes, celuy-là l'emporte, et vient à bout
De toute ma raison.

ASCAGNE

Ce n'est pas encor tout.

FROSINE

Encore ?

ASCAGNE

Je la suis, dis-je, sans qu'il le pense,
Ny qu'il ait de mon sort la moindre connoissance.

FROSINE

Ho ! Poussez ; je le quitte et ne raisonne plus,
Tant mes sens, coup sur coup, se trouvent confondus ;
A ces énigmes-là je ne puis rien comprendre.

ASCAGNE

Je vais vous l'expliquer, si vous voulez m'entendre.

Valère, dans les fers de ma sœur arresté,
Me sembloit un amant digne d'estre écouté,
Et je ne pouvois voir qu'on rebutast sa flame
Sans qu'un peu d'intérest touchast pour luy mon âme ;
Je voulois que Lucile aymast son entretien ;
Je blâmois ses rigueurs, et les blâmay si bien
Que moy mesme j'entray, sans pouvoir m'en deffendre,
Dans tous les sentimens qu'elle ne pouvoit prendre.
C'estoit, en luy parlant, moy qu'il persuadoit ;
Je me laissois gagner aux soupirs qu'il perdoit,

Et ses vœux, rejettez de l'objet qui l'enflame,
Estoient, comme vainqueurs, reçeus dedans mon âme.
Ainsi mon cœur, Frosine, un peu trop foible, hélas !
Se rendit à des soins qu'on ne luy rendoit pas,
Par un coup réfleschy reçeut une blessure,
Et paya pour un autre, avec beaucoup d'usure.
Enfin, ma chère, enfin, l'amour que j'eus pour luy
Se voulut expliquer, mais sous le nom d'autruy.
Dans ma bouche, une nuit, cet amant, trop aymable,
Crust rencontrer Lucile à ses vœux favorable,
Et je sçeus ménager si bien cet entretien
Que du déguisement il ne reconnut rien.
Sous ce voile trompeur, qui flatoit sa pensée,
Je lui dis que pour luy mon âme estoit blessée,
Mais que, voyant mon père en d'autres sentimens,
Je devois une feinte à ses commandemens ;
Qu'ainsi de nôtre amour nous ferions un mistère,
Dont la nuit seulement seroit dépositaire
Et qu'entre nous, de jour, de peur de rien gâter,
Tout entretien secret se devoit éviter ;
Qu'il me verroit alors la mesme indifférence
Qu'avant que nous eussions aucune intelligence,
Et que, de son côté, de mesme que du mien,
Geste, parole, écrit, ne m'en dît jamais rien.
Enfin, sans m'arrêter à toute l'industrie
Dont j'ay conduit le fil de cette tromperie,

J'ay poussé jusqu'au bout un projet si hardy,
Et me suis assuré l'Époux que je vous dy.

FROSINE

Peste ! Les grands talens que vôtre esprit possède !
Diroit-on qu'elle y touche, avec sa mine froide !
Cependant, vous avez esté bien viste icy,
Car — je veux que la chose ait d'abord réussi —
Ne jugez-vous pas bien, à regarder l'issue,
Qu'elle ne peut long-temps éviter d'estre sçeue ?

ASCAGNE

Quand l'amour est bien fort, rien ne peut l'arrester ;
Ses projets seulement vont à se contenter,
Et, pourveu qu'il arrive au but qu'il se propose,
Il croit que tout le reste après est peu de chose.
Mais enfin, aujourd'huy je me découvre à vous,
Afin que vos conseils... Mais voicy cet Époux.

SCÈNE II

VALÈRE, ASCAGNE, FROSINE

VALÈRE

Si vous estes tous deux en quelque conférence
Où je vous fasse tort de mesler ma présence,
Je me retireray.

ASCAGNE

Non, non. Vous pouvez bien,
Puisque vous le faisiez, rompre nôtre entretien.

VALÈRE

Moy?

ASCAGNE

Vous-mesme.

VALÈRE

Et comment?

ASCAGNE

Je disois que Valère
Auroit, si j'estois fille, un peu trop sçeu me plaire
Et que, si je faisois tous les veux de son cœur,
Je ne tarderois guère à faire son bon-heur.

VALÈRE

Ces protestations ne coûtent pas grand'chose
Alors qu'à leur effet un pareil *si* s'oppose,
Mais vous seriez bien pris si quelque évènement
Alloit mettre à l'épreuve un si doux compliment.

ASCAGNE

Point du tout. Je vous dy que, régnant dans vôtre âme,
Je voudrois de bon cœur couronner vôtre flame.

VALÈRE

Et si c'estoit quelqu'une, où, par vôtre secours,

Vous pussiez estre utile au bon-heur de mes jours ?

ASCAGNE

Je pourrois assez mal répondre à vôtre attente.

VALÈRE

Cette confession n'est pas fort obligeante.

ASCAGNE

Hé, quoy ! Vous voudriez, Valère, injustement,
Qu'estant fille, et mon cœur vous aymant tendrement,
Je m'allasse engager, avec une promesse,
De servir vos ardeurs pour quelque autre Maistresse ?
Un si pénible effort, pour moy, m'est interdit.

VALÈRE

Mais, cela n'estant pas ?

ASCAGNE

                    Ce que je vous ay dit,
Je l'ay dit comme fille, et vous le devez prendre
Tout de mesme.

VALÈRE

                    Ainsi donc il ne faut rien prétendre,
Ascagne, à des bontez que vous auriez pour nous,
A moins que le Ciel fasse un grand miracle en vous.
Bref, si vous n'estes fille, adieu votre tendresse ;
Il ne vous reste rien qui pour nous s'intéresse.

ASCAGNE

J'ay l'esprit délicat, plus qu'on ne peut penser,
Et le moindre scrupule a de quoy m'offenser,
Quand il s'agit d'aimer ; enfin je suis sincère.
Je ne m'engage point à vous servir, Valère,
Si vous ne m'assurez, au moins absolument
Que vous gardez pour moy le mesme sentiment ;
Que pareille chaleur d'amitié vous transporte
Et que, si j'estois fille, une flamme plus forte
N'outrageroit point celle où je vivrois pour vous.

VALÈRE

Je n'avois jamais veu ce scrupule jaloux,
Mais, tout nouveau qu'il est, ce mouvement m'oblige,
Et je vous fais icy tout l'aveu qu'il exige.

ASCAGNE

Mais sans fard ?

VALÈRE

Ouy, sans fard.

ASCAGNE

Il est vray ? Désormais
Vos intérêts seront les miens, je vous promets.

VALÈRE

J'ay bientost à vous dire un important mystère,
Où l'effet de ces mots me sera nécessaire.

ASCAGNE

Et j'ay quelque secret de mesme à vous ouvrir,
Où vôtre cœur pour moy se pourra découvrir.

VALÈRE

Hé ; de quelle façon cela pourroit-il estre ?

ASCAGNE

C'est que j'ay de l'amour, qui n'oseroit paroistre,
Et vous pourriés avoir sur l'objet de mes vœux
Un empire à pouvoir rendre mon sort heureux.

VALÈRE

Expliquez-vous, Ascagne, et croyez par avance
Que vostre heur est certain, s'il est en ma puissance.

ASCAGNE

Vous promettez icy plus que vous ne croyez.

VALÈRE

Non, non. Dites l'objet pour qui vous m'employez.

ASCAGNE

Il n'est pas encor temps, mais c'est une personne
Qui vous touche de près.

VALÈRE

                 Vostre discours m'étonne.
Pleust à Dieu que ma sœur...

ASCAGNE

Ce n'est pas la saison
De m'expliquer, vous dis-je.

VALÈRE

Et pourquoy?

ASCAGNE

Pour raison.
Vous sçaurez mon secret, quand je sçauray le vôtre.

VALÈRE

J'ay besoin, pour cela, de l'aveu de quelque autre.

ASCAGNE

Ayez-le donc, et lors, nous expliquant nos vœux,
Nous verrons qui tiendra mieux parole des deux.

VALÈRE

Adieu, j'en suis content.

ASCAGNE

Et moy content, Valère.

FROSINE

Il croit trouver en vous l'assistance d'un frère.

SCÈNE III

FROSINE, ASCAGNE, MARINETTE, LUCILE

LUCILE

C'en est fait. C'est ainsi que je puis me vanger,
Et, si cette action a de quoy l'affliger,
C'est toute la douceur que mon cœur s'y propose.
— Mon frère, vous voyez une métamorphose;
Je veux chérir Valère, après tant de fierté,
Et mes veux maintenant tournent de son côté.

ASCAGNE

Que dites-vous, ma sœur? Comment! Courir au change?
Cette inégalité me semble trop étrange.

LUCILE

La vostre me surprend avec plus de sujet.
De vos soins autrefois Valère estoit l'objet;
Je vous ay veu pour luy m'accuser de caprice,
D'aveugle cruauté, d'orgueil et d'injustice,
Et, quand je veux l'aimer, mon dessein vous déplaist,
Et je vous voy parler contre son intérest.

ASCAGNE

Je le quitte, ma sœur, pour embrasser le vostre.
Je sçay qu'il est rangé dessous les loix d'une autre,

Et ce seroit un trait honteux à vos appas,
Si vous le r'apeliez et qu'il ne revînt pas.

LUCILE

Si ce n'est que cela, j'auray soin de ma gloire,
Et je sçay, pour son cœur, tout ce que j'en doy croire ;
Il s'explique à mes yeux intelligiblement.
Ainsi, découvrez-luy, sans peur, mon sentiment,
Ou, si vous refusez de le faire, ma bouche
Luy va faire sçavoir que son ardeur me touche.
Quoy ! Mon frère, à ces mots vous restez interdit ?

ASCAGNE

Ha, ma sœur, si sur vous je puis avoir crédit,
Si vous estes sensible aux prières d'un frère,
Quittez un tel dessein, et n'ôtez point Valère
Aux vœux d'un jeune objet, dont l'intérest m'est cher,
Et qui, sur ma parole, a droit de vous toucher.
La pauvre infortunée ayme avec violence ;
A moy seul de ses feux elle fait confidence,
Et je voy dans son cœur de tendres mouvemens
A dompter la fierté des plus durs sentimens.
Ouy, vous aurez pitié de l'estat de son âme,
Connoissant de quel coup vous menacez sa flâme,
Et je ressens si bien la douleur qu'elle aura,
Que je suis assuré, ma sœur, qu'elle en mourra,
Si vous luy dérobez l'amant qui peut luy plaire.

II   8

Éraste est un party qui doit vous satisfaire,
Et des feux mutuels...

LUCILE

Mon frère, c'est assez.
Je ne sçay point pour qui vous vous intéressez ;
Mais, de grâce, cessons ce discours, je vous prie,
Et me laissez un peu dans quelque rêverie.

ASCAGNE

Allez, cruelle sœur, vous me désespérez,
Si vous effectuez vos desseins déclarez.

SCÈNE IV

MARINETTE, LUCILE

MARINETTE

La résolution, Madame, est assez prompte.

LUCILE

Un cœur ne pèze rien alors que l'on l'affronte ;
Il court à sa vengeance, et saisit promptement
Tout ce qu'il croit servir à son ressentiment.
Le traistre ! Faire voir cette insolence extrême !

MARINETTE

Vous m'en voyez encor toute hors de moy-mesme,

Et, quoy que là-dessus je rumine sans fin,
L'avanture me passe, et j'y pers mon latin.
Car enfin, aux transports d'une bonne nouvelle
Jamais cœur ne s'ouvrit d'une façon plus belle ;
De l'écrit obligeant le sien, tout transporté,
Ne me donnoit pas moins que de la Déité,
Et cependant jamais, à cet autre message,
Fille ne fut traitée avecque tant d'outrage.
Je ne sçay, pour causer de si grands changemens,
Ce qui s'est pu passer entre ces courts momens.

LUCILE

Rien ne s'est pu passer dont il faille estre en peine,
Puisque rien ne le doit deffendre de ma haine.
Quoy ? Tu voudrois chercher, hors de sa lâcheté,
La secrette raison de cette indignité !
Cet écrit mal-heureux, dont mon âme s'accuse,
Peut-il à son transport souffrir la moindre excuse ?

MARINETTE

En effet. Je comprends que vous avez raison,
Et que cette querelle est pure trahison.
Nous en tenons, Madame, et puis prêtons l'oreille
Aux bons chiens de pendards, — qui nous chantent merveille,
Qui, pour nous acrocher, feignent tant de langueur —
Laissons à leurs beaux mots fondre notre rigueur,

Rendons-nous à leurs vœux, trop foibles que nous sommes.
Foin de nôtre sotise, et peste soit des hommes !

LUCILE

Hé bien, bien ; qu il s'en vante et rie à nos dépens,
Il n'aura pas sujet d'en triompher long-temps,
Et je luy feray voir qu'en une âme bien faite
Le mépris suit de près la faveur qu'on rejette.

MARINETTE

Au moins, en pareil cas, est-ce un bon-heur bien doux
Quand on sçait qu'on n'a point d'avantage sur vous.
Marinette eut bon nez, quoy qu'on en puisse dire,
De ne permètre rien, un soir qu'on vouloit rire.
Quelque autre, sous espoir de *matrimonion*,
Auroit ouvert l'oreille à la tentation ;
Mais moy, *nescio vos.*

LUCILE

                    Que tu dis de folies,
Et choisis mal ton temps pour de telles saillies !
Enfin je suis touchée au cœur sensiblement ;
Et, si jamais celuy de ce perfide amant,
Par un coup de bon-heur, dont j'aurois tort, je pense,
De vouloir à présent concevoir l'espérance
— Car le Ciel a trop pris plaisir à m'affliger
Pour me donner celuy de me pouvoir vanger —

Quand, dis-je, par un sort, à mes desirs propice,
Il reviendroit m'offrir sa vie en sacrifice,
Détester à mes pieds l'action d'aujourd'huy,
Je te deffens sur tout de me parler pour luy.
Au contraire, je veux que ton zèle s'exprime
A me bien mètre aux yeux la grandeur de son crime,
Et mesme, si mon cœur estoit pour luy tenté
De descendre jamais à quelque lâcheté,
Que ton affection me soit alors sévère
Et tienne comme il faut la main à ma colère.

MARINETTE

Vrayment, n'ayez point peur et laissez faire à nous.
J'ay, pour le moins, autant de colère que vous,
Et je serois plutôt fille, toute ma vie,
Que mon gros traître aussi me redonnât envie.
S'il vient...

SCÈNE V

MARINETTE, LUCILE, ALBERT

ALBERT

Rentrez, Lucile, et me faites venir
Le Précepteur. Je veux un peu l'entretenir,
Et m'informer de luy, qui me gouverne Ascagne,
S'il sçait point quel ennuy depuis peu l'accompagne.

Il continue seul :

En quel gouffre de soins et de perplexité
Nous jette une action faite sans équité !
D'un enfant supposé par mon trop d'avarice
Mon cœur depuis long-temps souffre bien le supplice,
Et, quand je voy les maux où je me suis plongé,
Je voudrois à ce bien n'avoir jamais songé.
Tantost je crains de voir, par la fourbe éventée,
Ma famille en opprobre et misère jettée ;
Tantost, pour ce fils-là, qu'il me faut conserver,
Je crains cent accidens, qui peuvent arriver.
S'il advient que dehors quelque affaire m'appelle,
J'appréhende au retour cette triste nouvelle :
« Las ! Vous ne sçavez pas ? Vous l'a-t-on annoncé ?
Vostre fils a la fièvre, ou jambe, ou bras cassé. »
Enfin, à tous momens, sur quoy que je m'arreste,
Cent sortes de chagrins me roulent par la teste.
Ha !

SCÈNE VI

ALBERT, MÉTAPHRASTE

MÉTAPHRASTE

Mandatum tuum curo diligenter.

ALBERT

Maistre, j'ay voulu...

MÉTAPHRASTE

Maistre est dit *à Magis-ter ;*
C'est comme qui diroit : Trois fois plus grand.

ALBERT

Je meure
Si je sçavois cela. Mais, soit ; à la bonne heure.
Maistre, donc...

MÉTAPHRASTE

Poursuivez.

ALBERT

Je veux poursuivre aussi,
Mais ne poursuivez point, vous, d'interrompre ainsi.
Donc, encore une fois, Maistre, — c'est la troisième, —
Mon fils me rend chagrin. Vous sçavez que je l'ayme,
Et que soigneusement je l'ay toûjours nourry.

MÉTAPHRASTE

Il est vray : *Filio non potest preferri,*
Nisi filius.

ALBERT

Maistre, en discourant ensemble,
Ce jargon n'est pas fort nécessaire, me semble.
Je vous croy grand Latin, et grand Docteur juré ;
Je m'en rapporte à ceux qui m'en ont assuré,
Mais dans un entretien, qu'avec vous je destine,
N'allez point déployer toute vostre doctrine,

Faire le Pédagogue, et cent mots me cracher,
Comme si vous estiez en chaire pour prescher.
Mon père, quoy qu'il eust la teste des meilleures,
Ne m'a jamais rien fait apprendre que mes Heures,
Qui, depuis cinquante ans dites journellement,
Ne sont encor pour moy que du haut Allemant.
Laissez donc en repos vostre science auguste,
Et que vostre langage à mon foible s'ajuste.

MÉTAPHRASTE

Soit.

ALBERT

A mon fils. L'hymen semble luy faire peur
Et, sur quelque party que je sonde son cœur,
Pour un pareil lien il est froid, et recule.

MÉTAPHRASTE

Peut-estre a-t-il l'humeur du frère de Marc-Tulle,
Dont avec Atticus le mesme fait sermon,
Et, comme aussi les Grecs disent : « *Atanaton...*

ALBERT

Mon Dieu, Maistre éternel, laissez là, je vous prie,
Les Grecs, les Albanois, avec l'Esclavonie
Et tous ces autres gens dont vous voulez parler ;
Eux et mon fils n'ont rien ensemble à démesler.

MÉTAPHRASTE

Hé bien donc ? Vostre fils ?

ALBERT

Je ne sçay si dans l'âme
Il ne sentiroit pas une secrette flame ;
Quelque chose le trouble, ou je suis fort deçeu,
Et je l'apperçeus hier, sans en être aperçeu,
Dans un recoin du bois où nul ne se retire.

MÉTAPHRASTE

Dans un lieu reculé du bois, voulez-vous dire,
Un endroit écarté, *Latine : secessus.*
Virgile l'a dit : *Est in secessu locus...*

ALBERT

Comment auroit-il pu l'avoir dit ce Virgile,
Puis que je suis certain que dans ce lieu tranquile
Ame du monde enfin n'estoit lors que nous deux ?

MÉTAPHRASTE

Virgile est nommé là comme un autheur fameux
D'un terme plus choisi que le mot que vous dites,
Et non comme tesmoin de ce qu'hier vous vistes.

ALBERT

Et moy, je vous dis, moy, que je n'ay pas besoin
De terme plus choisi, d'autheur, ny de tesmoin,

II.   9

Et qu'il suffit icy de mon seul témoignage.

MÉTAPHRASTE

Il faut choisir pourtant les mots mis en usage
Par les meilleurs autheurs. *Tu, vivendo, bonos,*
Comme on dit, *scribendo, sequare peritos.*

ALBERT

Homme ou Démon, veux-tu m'entendre, sans conteste ?

MÉTAPHRASTE

Quintilien en fait le précepte...

ALBERT

La peste

Soit du causeur !

MÉTAPHRASTE

Et dit là-dessus doctement
Un mot, que vous serez bien aise assurément
D'entendre.

ALBERT

Je seray le Diable qui t'emporte,
Chien d'homme ! O, que je suis tenté d'estrange sorte
De faire sur ce mufle une application !

MÉTAPHRASTE

Mais qui cause, Seigneur, vôtre inflammation ?
Que voulez-vous de moy ?

ALBERT

Je veux que l'on m'écoute,
Vous ay-je dit vingt fois, quand je parle.

MÉTAPHRASTE

Ha, sans doute.
Vous serez satisfait, s'il ne tient qu'à cela;
Je me tais.

ALBERT

Vous ferez sagement.

MÉTAPHRASTE

Me voilà
Tout prest de vous ouyr.

ALBERT

Tant mieux.

MÉTAPHRASTE

Que je trépasse,
Si je dis plus mot.

ALBERT

Dieu vous en fasse la grâce.

MÉTAPHRASTE

Vous n'accuserez point mon caquet désormais.

ALBERT

Ainsi soit-il.

MÉTAPHRASTE

Parlez quand vous voudrez...

ALBERT

J'y vais.

MÉTAPHRASTE

Et n'apréhendez plus l'interruption nôtre.

ALBERT

C'est assez dit.

MÉTAPHRASTE

Je suis exact plus qu'aucun autre.

ALBERT

Je le croy.

MÉTAPHRASTE

J'ay promis que je ne diray rien.

ALBERT

Suffit.

MÉTAPHRASTE

Dès à présent je suis muet.

ALBERT

Fort bien.

MÉTAPHRASTE

Parlez ; courage. Au moins, je vous donne audiance.

Vous ne vous plaindrez pas de mon peu de silence ;
Je ne desserre pas la bouche seulement...

ALBERT

Le traistre !

MÉTAPHRASTE

Mais, de grâce, achevez vistement ;
Depuis long-temps j'écoute ; il est bien raisonnable
Que je parle à mon tour.

ALBERT

Donc, bourreau détestable...

MÉTAPHRASTE

Hé, bon Dieu, voulez-vous que j'écoute à jamais ?
Partageons le parler, au moins, ou je m'en vais.

ALBERT

Ma patience est bien...

MÉTAPHRASTE

Quoy ? Voulez-vous poursuivre ?
Ce n'est pas encor fait ? *Per Jovem,* je suis yvre.

ALBERT

Je n'ay pas dit...

MÉTAPHRASTE

Encor ? Bon Dieu, que de discours !
Rien n'est-il suffisant d'en arrester le cours ?

ALBERT

J'enrage.

MÉTAPHRASTE

De rechef ? O l'estrange torture ?
Hé ! laissez-moy parler un peu, je vous conjure.
Un sot, qui ne dit mot, ne se distingue pas
D'un Sçavant qui se tait...

ALBERT, *s'en allant :*

Parbleu, tu te tairas.

MÉTAPHRASTE

D'où vient fort à propos cette Sentence expresse
D'un Philosophe : « Parle, afin qu'on te connoisse ».
Doncques, si de parler le pouvoir m'est osté,
Pour moy, j'ayme autant perdre aussi l'Humanité
Et changer mon Essence en celle d'une beste.
Me voilà pour huit jours avec un mal de teste.
Oh ! que les grands parleurs sont par moy détestez !
Mais quoy ? Si les Sçavans ne sont point écoutez,
Si l'on veut que toujours ils ayent la bouche close,
Il faut donc renverser l'ordre de chaque chose :
Que les Poules dans peu dévorent les Renards ;
Que les jeunes Enfans remontrent aux Vieillards ;
Qu'à poursuivre les Loups les Agnelets s'ébattent ;
Qu'un Fou fasse les Loix ; que les Femmes combattent ;

Que par les Criminels les Juges soient jugez,
Et par les Écoliers les Maistres fustigez ;
Que le Malade au sain présente le remède ;
Que le Lièvre craintif...

Albert luy vient sonner aux oreilles une cloche, qui le fait fuir.

Miséricorde ! A l'ayde !

ACTE III

SCÈNE PREMIÈRE

MASCARILLE

E Ciel par fois seconde un
    dessein téméraire,
Et l'on sort, comme on peut,
    d'une meschante affaire;
Pour moy, qu'une impru-
    dence a trop fait discourir,
Le remède plus prompt, où
    j'ay sçeu recourir,
C'est de pousser ma pointe et dire en diligence
A nostre vieux patron toute la manigance.
Son fils, qui m'embarasse, est un évaporé;

L'autre, Diable! disant ce que j'ay déclaré,
Gare une irruption sur nôtre friperie !
Au moins, avant qu'on puisse échaufer sa furie,
Quelque chose de bon nous pourra succéder,
Et les vieillards entre eux se pourront accorder.
C'est ce qu'on va tenter, et, de la part du nostre,
Sans perdre un seul moment, je m'en vay trouver l'autre.

SCÈNE II

MASCARILLE, ALBERT

ALBERT

Qui frape ?

MASCARILLE

Amis.

ALBERT

Ho, ho, qui te peut amener,
Mascarille ?

MASCARILLE

Je viens, Monsieur, pour vous donner
Le bon jour.

ALBERT

Ha vrayement ; tu prends beaucoup de peine ;
De tout mon cœur, bon jour.

MASCARILLE

La réplique est soudaine.

Quel homme brusque!

ALBERT

Encor ?

MASCARILLE

Vous n'avez pas ouy,

Monsieur,...

ALBERT

Ne m'as-tu pas donné le bon jour ?

MASCARILLE

Ouy.

ALBERT

Hé bien, bon jour te dy-je.

MASCARILLE

Ouy, mais je viens encore
Vous saluer au nom du Seigneur Polidore.

ALBERT

Ha, c'est un autre fait. Ton Maistre t'a chargé
De me saluer ?

MASCARILLE

Ouy.

ALBERT

Je luy suis obligé;
Va; que je luy souhaite une joye infinie.

MASCARILLE

Cet homme est ennemy de la cérémonie.

— Je n'ay pas achevé, Monsieur, son compliment;
Il voudroit vous prier d'une chose instamment.

ALBERT

Hé bien, quand il voudra, je suis à son service.

MASCARILLE

Attendez, et souffrez qu'en deux mots je finisse.
Il souhaite un moment pour vous entretenir
D'une affaire importante, et doit icy venir.

ALBERT

Hé! Quelle est-elle encor l'affaire qui l'oblige
A me vouloir parler?

MASCARILLE

                    Un grand secret, vous dy-je,
Qu'il vient de découvrir en ce mesme moment,
Et qui, sans doute, importe à tous deux grandement.
Voilà mon ambassade.

SCÈNE III

ALBERT

                    O, juste Ciel, je tremble,
Car enfin nous avons peu de commerce ensemble.
Quelque tempeste va renverser mes desseins,

Et ce secret, sans doute, est celuy que je crains.
L'espoir de l'intérest m'a fait quelque infidèle,
Et voilà sur ma vie une tache éternelle;
Ma fourbe est découverte. O, que la vérité
Se peut cacher long-temps avec difficulté,
Et qu'il eust mieux valu, pour moy, pour mon estime,
Suivre les mouvemens d'une peur légitime,
Par qui je me suis veu tenté, plus de vingt fois,
De rendre à Polidore un bien que je luy dois,
De prévenir l'éclat où ce coup-cy m'expose,
Et faire qu'en douceur passast toute la chose.
Mais, hélas, c'en est fait, il n'est plus de saison,
Et ce bien, par la fraude entré dans ma Maison
N'en sera pas tiré que, dans cette sortie,
Il n'entraisne du mien la meilleure partie.

SCÈNE IV

ALBERT, POLIDORE

POLIDORE

S'estre ainsi marié sans qu'on en ait sçeu rien!
Puisse cette action se terminer à bien!
Je ne sçay qu'en attendre, et je crains fort du père
Et la grande richesse, et la juste colère,
— Mais je l'apperçoy seul.

ALBERT

Dieu, Polidore vient !

POLIDORE

Je tremble à l'aborder.

ALBERT

La crainte me retient.

POLIDORE

Par où luy débuter ?

ALBERT

Quel sera mon langage ?

POLIDORE

Son ame est toute émue.

ALBERT

Il change de visage.

POLIDORE

Je voy, Seigneur Albert, au trouble de vos yeux,
Que vous sçavez desjà qui m'ameine en ces lieux.

ALBERT

Hélas, ouy.

POLIDORE

La nouvelle a droit de vous surprendre,
Et je n'eusse pas cru ce que je viens d'apprendre.

ALBERT

J'en doy rougir de honte et de confusion.

POLIDORE

Je treuve condamnable une telle action,
Et je ne prétens point excuser le coupable.

ALBERT

Dieu fait miséricorde au pécheur misérable.

POLIDORE

C'est ce qui doit par vous estre considéré.

ALBERT

Il faut estre Chrestien.

POLIDORE

Il est très-assuré.

ALBERT

Grâce, au nom de Dieu, grâce, ô Seigneur Polidore!

POLIDORE

Eh, c'est moy, qui de vous présentement l'implore.

ALBERT

Afin de l'obtenir je me jette à genoux;

POLIDORE

Je dois en cet état estre plutost que vous.

ALBERT

Prenez quelque pitié de ma triste avanture ;

POLIDORE

Je suis le suppliant dans une telle injure.

ALBERT

Vous me fendez le cœur avec cette bonté ;

POLIDORE

Vous me rendez confus de tant d'humilité.

ALBERT

Pardon, encore un coup ;

POLIDORE

Hélas ! pardon, vous-mesme.

ALBERT

J'ay de cette action une douleur extrême ;

POLIDORE

Et moy, j'en suis touché de mesme au dernier poinct.

ALBERT

J'ose vous convier qu'elle n'éclate point.

POLIDORE

Hélas, Seigneur Albert, je ne veux autre chose.

ALBERT

Conservons mon honneur.

POLIDORE

Hé, ouy; je m'y dispose.

ALBERT

Quant au bien qu'il faudra, vous-mesme en résoudrez.

POLIDORE

Je ne veux de vos biens que ce que vous voudrez ;
De tous ces intérests je vous feray le maistre,
Et je suis trop content, si vous le pouvez estre.

ALBERT

Ha, quel homme de Dieu ! Quel excèz de douceurs !

POLIDORE

Quelle douceur, vous-mesme, après un tel mal-heur !

ALBERT

Que puissiez-vous avoir toutes choses prospères !

POLIDORE

Le bon Dieu vous maintienne !

ALBERT

Embrassons-nous en frères.

POLIDORE

J'y consens de grand cœur, et me réjouïs fort
Que tout soit terminé par un heureux accord.

ALBERT

J'en rends grâces au Ciel.

POLIDORE

Il ne vous faut rien feindre;
Vôtre ressentiment me donnoit lieu de craindre,
Et Lucile, tombée en faute avec mon fils,
Comme on vous voit puissant, et de biens, et d'amis...

ALBERT

Heu? Que parlez-vous là de faute, et de Lucile?

POLIDORE

Soit. Ne commençons point un discours inutile.
Je veux bien que mon fils y trempe grandement;
Mesme, si cela fait à vostre allégement,
J'avoueray qu'à luy seul en est toute la faute;
Que vostre fille avoit une vertu trop haute
Pour avoir jamais fait ce pas contre l'honneur
Sans l'incitation d'un méchant suborneur;
Que le traistre a séduit sa pudeur innocente,
Et de vôtre conduite ainsi destruit l'attente.
Puis que la chose est faite et que, selon mes veux,
Un esprit de douceur nous met d'accord tous deux,
Ne ramentevons rien, et réparons l'offence
Par la solemnité d'une heureuse alliance.

ALBERT

O Dieu, quelle méprise, et qu'est-ce qu'il m'aprend!
Je rentre icy d'un trouble en un autre aussi grand.

Dans ces divers transports je ne sçay que répondre,
Et, si je dis un mot, j'ay peur de me confondre.

POLIDORE

A quoy pensez-vous là, Seigneur Albert ?

ALBERT

A rien.
Remettons, je vous prie, à tantost l'entretien ;
Un mal subit me prend, qui veut que je vous laisse.

SCÈNE V

POLIDORE

Je lis dedans son âme, et voy ce qui le presse.
A quoy que sa raison l'eust desjà disposé,
Son déplaisir n'est pas encor tout apaisé.
L'image de l'affront luy revient, et sa fuite
Tasche à me déguiser le trouble qui l'agite.
Je prens part à sa honte, et son deuil m'attendrit.
Il faut qu'un peu de temps remette son esprit ;
La douleur, trop contrainte, aysément se redouble.
— Voicy mon jeune fou, d'où nous vient tout ce trouble.

SCÈNE VI

POLIDORE, VALÈRE

POLIDORE

Enfin, le beau mignon, vos bons déportemens
Troubleront les vieux jours d'un père à tous momens ;
Tous les jours, vous ferez de nouvelles merveilles.
Et nous n'aurons jamais autre chose aux oreilles.

VALÈRE

Que fais-je, tous les jours, qui soit si criminel ?
En quoy mériter tant le courroux paternel ?

POLIDORE

Je suis un estrange homme, et d'une humeur terrible,
D'accuser un enfant si sage et si paisible !
Las, il vit comme un Saint, et dedans la maison
Du matin jusqu'au soir il est en oraison.
Dire qu'il pervertit l'ordre de la Nature
Et fait du jour la nuit, ô la grande imposture ;
Qu'il n'a considéré Père, ny Parenté
En vingt occasions, horrible fausseté ;
Que, de fraîche mémoire, un furtif hyménée
A la fille d'Albert a joint sa destinée,

Sans craindre de la suite un désordre puissant,
On le prend pour un autre, et le pauvre innocent
Ne sçait pas seulement ce que je luy veux dire.
Ha, chien, que j'ay reçeu du Ciel pour mon martire,
Te croiras-tu toujours, et ne pourray-je pas
Te voir estre, une fois, sage avant mon trépas ?

VALÈRE *seul*.

D'où peut venir ce coup ? Mon âme embarassée
Ne voit que Mascarille où jetter sa pensée.
Il ne sera pas homme à m'en faire un aveu ;
Il faut user d'adresse, et me contraindre un peu
Dans ce juste courroux.

SCÈNE VII

MASCARILLE, VALÈRE

VALÈRE

Mascarille, mon Père,
Que je viens de trouver, sçait toute nostre affaire.

MASCARILLE

Il la sçait ?

VALÈRE

Ouy.

MASCARILLE

D'où, diantre, a-t-il pu la sçavoir ?

VALÈRE

Je ne sçay point sur qui ma conjoncture asseoir,
Mais enfin, d'un succez cette affaire est suivie
Dont j'ay tous les sujets d'avoir l'âme ravie.
Il ne m'en a pas dit un mot qui fust fâcheux ;
Il excuse ma faute, il approuve mes feux,
Et je voudrois sçavoir qui peut estre capable
D'avoir pu rendre ainsi son esprit si traitable.
Je ne puis t'exprimer l'aise que j'en reçoy.

MASCARILLE

Et que me diriez-vous, Monsieur, si c'estoit moy
Qui vous eust procuré cette heureuse fortune ?

VALÈRE

Bon, bon ; tu voudrois bien icy m'en donner d'une.

MASCARILLE

C'est moy, vous dy-je, moy, dont le patron le sçait,
Et qui vous ay produit ce favorable effet.

VALÈRE

Mais, là, sans te railler ?

MASCARILLE

       Que le Diable m'emporte
Si je fais raillerie, et s'il n'est de la sorte !

VALÈRE

Et qu'il m'entraîne, moy, si tout présentement
Tu n'en vas recevoir le juste payement.

MASCARILLE

Ah, Monsieur, qu'est-ce cy ? Je deffends la surprise.

VALÈRE

C'est la fidélité que tu m'avois promise ?
Sans ma feinte, jamais tu n'eusses avoué
Le trait, que j'ay bien creu que tu m'avois joué.
Traistre, de qui la langue, à causer trop habile,
D'un Père contre moy vient d'eschaufer la bile,
Qui me pers tout à fait, il faut, sans discourir,
Que tu meures.

MASCARILLE

                    Tout beau. Mon âme, pour mourir,
N'est pas en bon état. Daignez, je vous conjure,
Attendre le succèz qu'aura cette avanture.
J'ay de fortes raisons, qui m'ont fait révéler
Un hymen, que vous-mesme aviez peine à celer.
C'estoit un coup d'État, et vous verrez l'issue
Condamner la fureur que vous avez conçeue.
De quoy vous fâchez-vous, pourveu que vos souhaits
Se trouvent, par mes soins, plainement satisfaits,
Et voyent mettre à fin la contrainte où vous estes ?

VALÈRE

Et si tous ces discours ne sont que des sornètes ?

MASCARILLE

Toujours serez-vous lors à temps pour me tuer;
Mais enfin mes projets pourront s'effectuer.
Dieu fera pour les siens, et, content dans la suite,
Vous me remercîrez de ma rare conduite.

VALÈRE

Nous verrons. Mais Lucile...

MASCARILLE

                    Alte ! Son Père sort.

SCÈNE VIII

VALÈRE, ALBERT, MASCARILLE

ALBERT

Plus je reviens du trouble où j'ay donné d'abord,
Plus je me sens piqué de ce discours estrange,
Sur qui ma peur prenoit un si dangereux change;
Car Lucile soutient que c'est une chançon,
Et m'a parlé d'un air à m'oster tout soupçon.
— Ha, Monsieur, est-ce vous de qui l'audace insigne
Met en jeu mon honneur et fait ce conte indigne ?

MASCARILLE

Seigneur Albert, prenez un ton un peu plus doux,
Et contre vôtre Gendre ayez moins de courroux.

ALBERT

Comment Gendre, coquin ? Tu portes bien la mine
De pousser les ressorts d'une telle machine,
Et d'en avoir esté le premier inventeur.

MASCARILLE

Je ne vois icy rien à vous mettre en fureur.

ALBERT

Trouves-tu beau, dy-moy, de diffamer ma fille,
Et faire un tel scandale à toute une famille ?

MASCARILLE

Le voilà prest de faire en tout vos volontez.

ALBERT

Que voudrois-je, sinon qu'il dît des véritez ?
Si quelque intention le pressoit pour Lucile,
La recherche en pouvoit estre honneste et civile.
Il falloit l'attaquer du costé du devoir;
Il falloit de son Père implorer le pouvoir,
Et non pas recourir à cette lâche feinte
Qui porte à la pudeur une sensible atteinte.

II.   12

MASCARILLE

Quoy! Lucile n'est pas, sous des liens secrets,
A mon Maistre.....

ALBERT

Non, traistre, et n'y sera jamais!

MASCARILLE

Tout doux. Et, s'il est vray que ce soit chose faite,
Voulez-vous l'approuver cette chaisne secrette ?

ALBERT

Et, s'il est constant, toy, que cela ne soit pas,
Veux-tu te voir casser les jambes et les bras ?

VALÈRE

Monsieur, il est aisé de vous faire paroistre
Qu'il dit vray.

ALBERT

Bon, voilà l'autre encor, digne Maistre
D'un semblable Valet. O, les menteurs hardis !

MASCARILLE

D'homme d'honneur, il est ainsi que je le dis.

VALÈRE

Quel seroit nôtre but de vous en faire acroire ?

ALBERT

Ils s'entendent, tous deux, comme larrons en Foire.

MASCARILLE

Mais venons à la preuve, et, sans nous quereller,
Faites sortir Lucile et la laissez parler.

ALBERT

Et si le démenty par elle vous en reste ?

MASCARILLE

Elle n'en fera rien, Monsieur, je vous proteste.
Promettez à leurs veux vôtre consentement,
Et je veux m'exposer au plus dur châtiment
Si, de sa propre bouche, elle ne vous confesse
Et la foy qui l'engage, et l'ardeur qui la presse.

ALBERT

Il faut voir cette affaire.

MASCARILLE

Allez. Tout ira bien.

ALBERT

Holà, Lucile ! Un mot.

VALÈRE

Je crains...

MASCARILLE

Ne craignez rien.

SCÈNE IX

VALÈRE, ALBERT, LUCILE, MASCARILLE

MASCARILLE

Seigneur Albert, au moins, silence. — Enfin, Madame,
Toute chose conspire au bon-heur de votre âme,
Et Monsieur vostre Père, averty de vos feux,
Vous laisse vôtre Époux, et confirme vos veux,
Pourveu que, bannissant toutes craintes frivoles,
Deux mots de vôtre aveu confirment nos paroles.

LUCILE

Que me vient donc conter ce coquin assuré ?

MASCARILLE

Bon ; me voilà déjà d'un beau titre honoré.

LUCILE

Sçachons un peu, Monsieur, quelle belle saillie
Fait ce conte galand, qu'aujourd'huy l'on publie ?

VALÈRE

Pardon, charmant objet, un Valet a parlé,
Et j'ay veu, malgré moy, nôtre hymen révélé.

LUCILE

Nostre hymen ?

VALÈRE

On sçait tout, adorable Lucile,
Et vouloir déguiser est un soin inutile.

LUCILE

Quoy ? L'ardeur de mes feux vous a fait mon Epoux ?

VALÈRE

C'est un bien qui me doit faire mille jaloux,
Mais j'impute bien moins ce bon-heur de ma flâme
A l'ardeur de vos feux qu'aux bontés de vôtre âme.
Je sçay que vous avez sujet de vous fâcher,
Que c'estoit un secret que vous vouliez cacher,
Et j'ay de mes transports forcé la violence
A ne point violer vostre expresse deffence;
Mais...

MASCARILLE

Hé bien, ouy, c'est moy. Le grand mal que voilà.

LUCILE

Est-il une imposture égale à celle-là ?
Vous l'osez soutenir, en ma présence mesme,
Et pensez m'obtenir par ce beau stratagême ?
O le plaisant amant, dont la galante ardeur
Veut blesser mon honneur au défaut de mon cœur,
Et que mon Père, ému de l'éclat d'un sot conte,
Paye avec mon hymen, qui me couvre de honte.

Quand tout contribueroit à votre passion,
Mon Père, les Destins, mon inclination,
On me verroit combattre, en ma juste colère,
Mon inclination, les Destins et mon Père,
Perdre mesme le jour avant que de m'unir
A qui, par ce moyen, auroit creu m'obtenir.
Allez, et, si mon sexe avecque bien-séance
Se pouvoit emporter à quelque violence,
Je vous apprendrois bien à me traiter ainsi.

VALÈRE

C'en est fait; son courroux ne peut estre adoucy.

MASCARILLE

Laissez-moy lui parler. — Eh, Madame, de grâce,
A quoy bon maintenant toute cette grimace ?
Quelle est votre pensée, et quel bouru transport
Contre vos propres veux vous fait roidir si fort ?
Si Monsieur vostre Père estoit homme farouche,
Passe, mais il permet que la raison le touche,
Et luy-mesme m'a dit qu'une confession
Vous va tout obtenir de son affection.
Vous sentez, je croy bien, quelque petite honte
A faire un libre aveu de l'amour qui vous dompte;
Mais, s'il vous a fait perdre un peu de liberté,
Par un bon mariage on voit tout rajusté,
Et, quoy que l'on reproche au feu qui vous consomme,

Le mal n'est pas si grand que de tuer un homme.
On sçait que la chair est fragile quelque-fois,
Et qu'une fille enfin n'est ny caillou, ny bois.
Vous n'avez pas esté, sans doute, la première,
Et vous ne serez pas, que je croy, la dernière.

LUCILE

Quoy! Vous pouvez ouïr ces discours effrontez,
Et vous ne dites mot à ces indignitez?

ALBERT

Que veux-tu que je die? Une telle avanture
Me met tout hors de moy.

MASCARILLE

               Madame, je vous jure
Que desjà vous devriez avoir tout confessé.

LUCILE

Et quoy donc confesser?

MASCARILLE

              Quoy? Ce qui s'est passé
Entre mon Maistre et vous. La belle raillerie!

LUCILE

Et que s'est-il passé, monstre d'effronterie,
Entre ton Maistre et moy?

MASCARILLE

Vous devez, que je croy,
En savoir un peu plus de nouvelles que moy,
Et pour vous cette nuit fut trop douce, pour croire
Que vous puissiez si viste en perdre la mémoire.

LUCILE

C'est trop souffrir, mon Père, un impudent Valet.

SCÈNE X

VALÈRE, MASCARILLE, ALBERT

MASCARILLE

Je croy qu'elle me vient de donner un soufflet.

ALBERT

Va, coquin, scélérat ; sa main vient sur ta joue
De faire une action dont son Père la loue.

MASCARILLE

Et, nonobstant cela, qu'un Diable en cet instant
M'emporte, si j'ay dit rien que de très constant !

ALBERT

Et, nonobstant cela, qu'on me coupe une oreille
Si tu portes fort loin une audace pareille !

MASCARILLE

Voulez-vous deux témoins, qui me justifieront ?

ALBERT

Veux-tu deux de mes gens, qui te bastonneront ?

MASCARILLE

Leur rapport doit au mien donner toute créance ;

ALBERT

Leurs bras peuvent du mien réparer l'impuissance.

MASCARILLE

Je vous dis que Lucile agit par honte ainsi ;

ALBERT

Je te dis que j'auray raison de tout cecy.

MASCARILLE

Connoissez-vous Ormin, ce gros Notaire habile ?

ALBERT

Connois-tu bien Grimpant, le Bourreau de la Ville ?

MASCARILLE

Et Simon, le Tailleur, jadis si recherché ?

ALBERT

Et la potence, mise au milieu du Marché ?

II   13

MASCARILLE

Vous verrez confirmer par eux cet hyménée;

ALBERT

Tu verras achever par eux ta destinée.

MASCARILLE

Ce sont eux qu'ils ont pris pour témoins de leur foy;

ALBERT

Ce sont eux qui dans peu me vangeront de toi.

MASCARILLE

Et ces yeux les ont veu s'entredonner parole;

ALBERT

Et ces yeux te verront faire la capriole.

MASCARILLE

Et, pour signe, Lucile avoit un voile noir;

ALBERT

Et, pour signe, ton front nous le fait assez voir.

MASCARILLE

O l'obstiné vieillard!

ALBERT

O le fourbe damnable!

Va, rends grâce à mes ans, qui me font incapable

De punir sur le champ l'affront que tu me fais ;
Tu n'en pers que l'attente, et je te le promets.

SCÈNE XI

VALÈRE, MASCARILLE

VALÈRE

Hé bien, ce beau succez que tu devois produire...

MASCARILLE

J'entens, à demy mot, ce que vous voulez dire.
Tout s'arme contre moy ; pour moy, de tous costez,
Je voy coups de baston et gibets apprestez.
Aussi, pour estre en paix dans ce désordre extrême,
Je me vais d'un rocher précipiter moy-mesme,
Si, dans le désespoir dont mon cœur est outré,
Je puis en rencontrer d'assez haut à mon gré.
Adieu, Monsieur.

VALÈRE

Non, non, ta fuite est superflue ;
Si tu meurs, je prétends que ce soit à ma veue.

MASCARILLE

Je ne sçaurois mourir quand je suis regardé,
Et mon trespas ainsi se verroit retardé.

VALÈRE

Suy-moy, traistre, suy-moy. Mon amour en furie
Te fera voir si c'est matière à raillerie.

MASCARILLE

Mal-heureux Mascarille! A quels maux aujourd'huy
Te vois-tu condamné, pour le péché d'autruy!

ACTE IV

SCÈNE PREMIÈRE

ASCAGNE, FROSINE

FROSINE

L'AVANTURE est fâcheuse.

ASCAGNE

Ah,
ma chère Frosine,
Le Sort absolument a conclu
ma ruine.
Cette affaire, venue au point
où la voilà,
N'est pas assurément pour en demeurer là ;
Il faut qu'elle passe outre, et Lucile, et Valère,

Surpris des nouveautez d'un semblable mistère,
Voudront chercher un jour dans ces obscuritez,
Par qui tous mes projets se verront avortez.
Car enfin, soit qu'Albert ait part au stratagême,
Ou qu'avec tout le monde on l'ait trompé luy-même,
S'il arrive une fois que mon sort éclaircy
Mette ailleurs tout le bien dont le sien a grossi,
Jugez s'il aura lieu de souffrir ma présence.
Son intérest détruit me laisse à ma naissance;
C'est fait de sa tendresse, et, quelque sentiment
Où pour ma fourbe alors pût estre mon amant,
Voudra-t-il avouer pour Espouse une fille
Qu'il verra sans apuy de biens et de famille?

FROSINE

Je trouve que c'est là raisonné comme il faut,
Mais ces réflexions devoient venir plus tost.
Qui vous a jusqu'icy caché cette lumière?
Il ne falloit pas estre une grande sorcière
Pour voir, dès le moment de vos desseins pour luy,
Tout ce que vôtre esprit ne voit que d'aujourd'huy.
L'action le disoit, et, dès que je l'ay sçeue,
Je n'en ay préveu guère une meilleure issue.

ASCAGNE

Que dois-je faire enfin? Mon trouble est sans pareil;
Mettez-vous en ma place, et me donnez conseil.

FROSINE

Ce doit estre à vous-mesme, en prenant vostre place,
A me donner conseil dessus cette disgrâce,
Car je suis maintenant vous, et vous estes moy :
« Conseillez-moy, Frosine ; au poinct où je me voy,
Quel remède treuver ? Dites, je vous en prie. »

ASCAGNE

Hélas, ne traitez point cecy de raillerie ;
C'est prendre peu de part à mes cuisans ennuis
Que de rire, et de voir les termes où j'en suis.

FROSINE

Non vrayement; tout de bon, vôtre ennuy m'est sensible,
Et pour vous en tirer je ferois mon possible.
Mais que puis-je, après tout ? Je voy fort peu de jour
A tourner cette affaire au gré de vôtre amour.

ASCAGNE

Si rien ne peut m'aider, il faut donc que je meure.

FROSINE

Ha, pour cela, tousjours il est assez bonne heure.
La mort est un remède à trouver quand on veut,
Et l'on s'en doit servir le plus tard que l'on peut.

ASCAGNE

Non, non, Frosine, non. Si vos conseils propices

Ne conduisent mon sort parmy ces précipices,
Je m'abandonne tout aux traits du désespoir.

FROSINE

Sçavez-vous ma pensée ? Il faut que j'aille voir
La... Mais Éraste vient, qui pourroit nous distraire.
Nous pourrons, en marchant, parler de cette affaire.
Allons, retirons-nous.

SCÈNE II

ÉRASTE, GROS-RENÉ

ÉRASTE

Encore rebuté ?

GROS-RENÉ

Jamais Ambassadeur ne fut moins écouté.
A peine ay-je voulu luy porter la nouvelle
Du moment d'entretien que vous souhaitiez d'elle,
Qu'elle m'a répondu, tenant son quant-à-moy :
« Va, va, je fais état de luy comme de toy;
Dy-luy qu'il se promeine », et, sur ce beau langage,
Pour suivre son chemin, m'a tourné le visage ;
Et Marinette aussi, d'un dédaigneux museau,
Lâchant un : « Laisse-nous, beau Valet de carreau »,

M'a planté là comme elle, et mon sort et le vostre
N'ont rien à se pouvoir reprocher l'un à l'autre.

ÉRASTE

L'ingrate ! Recevoir avec tant de fierté
Le prompt retour d'un cœur justement emporté !
Quoy ! le premier transport d'un amour, qu'on abuse
Sous tant de vray-semblance, est indigne d'excuse,
Et ma plus vive ardeur, en ce moment fatal,
Devoit être insensible au bon-heur d'un Rival ?
Tout autre n'eust pas fait mesme chose en ma place,
Et se fut moins laissé surprendre à tant d'audace ?
De mes justes soupçons suis-je sorty trop tard ?
Je n'ay point attendu de sermens de sa part,
Et, lorsque tout le monde encor ne sçait qu'en croire,
Ce cœur impatient luy rend toute sa gloire ;
Il cherche à s'excuser, et le sien voit si peu
Dans ce profond respect la grandeur de mon feu !
Loin d'assurer une âme et luy fournir des armes
Contre ce qu'un Rival luy veut donner d'alarmes,
L'ingrate m'abandonne à mon jaloux transport,
Et rejette de moy message, écrit, abord !
Ha, sans doute, un amour a peu de violence
Qu'est capable d'éteindre une si foible offence,
Et ce dépit, si prompt à s'armer de rigueur,
Descouvre assez pour moy tout le fond de son cœur,

Et de quel prix doit estre à présent à mon âme
Tout ce dont son caprice a pû flater ma flame.
Non; je ne prétens plus demeurer engagé
Pour un cœur où je voy le peu de part que j'ay,
Et, puis que l'on témoigne une froideur extrême
A conserver les gens, je veux faire de mesme.

GROS-RENÉ

Et moy de mesme aussi. Soyons tous deux fâchez,
Et mettons nostre amour au rang des vieux péchez.
Il faut apprendre à vivre à ce sexe volage,
Et luy faire sentir que l'on a du courage.
Qui souffre ses mépris les veut bien recevoir.
Si nous avions l'esprit de nous faire valoir,
Les femmes n'auroient pas la parole si haute.
O, qu'elles nous sont bien fières par notre faute !
Je veux estre pendu si nous ne les verrions
Sauter à nostre cou plus que nous ne voudrions,
Sans tous ces vils devoirs dont la plupart des hommes
Les gâtent tous les jours dans le siècle où nous sommes.

ÉRASTE

Pour moy, sur toute chose, un mépris me surprend,
Et, pour punir le sien par un autre aussi grand,
Je veux mettre en mon cœur une nouvelle flamme.

GROS-RENÉ

Et moy, je ne veux plus m'embarrasser de femme ;

A toutes je renonce, et crois, en bonne foy,
Que vous feriez fort bien de faire comme moy.
Car, voyez-vous, la femme est, comme on dit, mon Maistre,
Un certain animal, difficile à connoistre,
Et de qui la nature est fort encline au mal,
Et comme un animal est tousjours animal,
Et ne sera jamais qu'animal, quand sa vie
Dureroit cent mil ans ; aussi, sans répartie,
La femme est tousjours femme, et jamais ne sera
Que femme, tant qu'entier le Monde durera.
D'où vient qu'un certain Grec dit que sa teste passe
Pour un sable mouvant. Car, goûtez bien, de grâce,
Ce raisonnement-cy, lequel est des plus forts.
Ainsi que la teste est comme le chef du corps,
Et que le corps sans chef est pire qu'une beste,
Si le chef n'est pas bien d'accord avec la teste,
Que tout ne soit pas bien réglé par le compas,
Nous voyons arriver de certains embarras ;
La partie brutale alors veut prendre empire
Dessus la sensitive, et l'on voit que l'un tire
A dia, l'autre à hurhaut ; l'un demande du mou,
L'autre du dur ; enfin tout va s'en savoir où,
Pour montrer qu'icy-bas, ainsi qu'on l'interprète,
La teste d'une femme est comme la girouette
Au haut d'une maison, qui tourne au premier vent.
C'est pourquoy le cousin Aristote souvent

La compare à la mer, d'où vient qu'on dit qu'au Monde
On ne peut rien trouver de si stable que l'onde.
Or, par comparaison — car la comparaison
Nous fait distinctement comprendre une raison,
Et nous aimons bien mieux, nous autres gens d'étude,
Une comparaison qu'une similitude —
Par comparaison donc, — mon Maistre, s'il vous plaist, —
Comme on voit que la mer, quand l'orage s'accroist,
Vient à se courroucer, le vent soufle et ravage,
Les flots contre les flots font un remû-ménage
Horrible, et le vaisseau, malgré le Nautonier,
Va tantost à la cave, et tantost au grenier;
Ainsi, quand une femme a sa teste fantasque,
On voit une tempeste en forme de bourasque,
Qui veut compétiter par de certains... propos,
Et lors un... certain vent, qui... par... de certains flots,
De... certaine façon,... ainsi qu'un banc de sable...
Quand... Les femmes enfin ne valent pas le diable.

ÉRASTE

C'est fort bien raisonner.

GROS-RENÉ

                    Assez bien, Dieu mercy.
Mais je les vois, Monsieur, qui passent par icy.
Tenez-vous ferme au moins.

ÉRASTE

Ne te mets pas en peine.

GROS-RENÉ

J'ay bien peur que ses yeux resserrent vostre chaisne.

SCÈNE III

ÉRASTE, LUCILE, MARINETTE, GROS-RENÉ

MARINETTE

Je l'aperçois encor, mais ne vous rendez point.

LUGILE

Ne me soupçonne point d'estre foible à ce poinct.

MARINETTE

Il vient à nous.

ÉRASTE

Non, non, ne croyez pas, Madame,
Que je revienne encor vous parler de ma flame.
C'en est fait ; je me veux guérir, et connois bien
Ce que de vôtre cœur a possédé le mien.
Un courroux si constant, pour l'ombre d'une offence,
M'a trop bien éclairé de vostre indifférence,
Et je dois vous monstrer que les traits du mépris
Sont sensibles sur tout aux généreux esprits.
Je l'avoueray, mes yeux observoient dans les vostres
Des charmes qu'ils n'ont point trouvez dans tous les autres,

Et le ravissement où j'estois de mes fers
Les auroit préférez à des sceptres offerts.
Ouy, mon amour pour vous, sans doute, estoit extrême;
Je vivois tout en vous, et, je l'avoueray mesme,
Peut-estre qu'après tout j'auray, quoy qu'outragé,
Assez de peine encore à m'en voir dégagé;
Possible que, malgré la cure qu'elle essaye,
Mon âme saignera long-temps de cette playe,
Et qu'affranchy d'un joug qui faisoit tout mon bien,
Il faudra se résoudre à n'aymer jamais rien.
Mais, enfin, il n'importe, et, puis que votre haine
Chasse un cœur tant de fois que l'amour vous rameine,
C'est la dernière icy des importunitez
Que vous aurez jamais de mes vœux rebutez.

LUCILE

Vous pouvez faire aux miens la grâce toute entière,
Monsieur, et m'épargner encor cette dernière.

ÉRASTE

Hé bien, Madame, hé bien, ils seront satisfaits.
Je romps avecque vous, et j'y romps pour jamais,
Puis que vous le voulez. Que je perde la vie,
Lors que de vous parler je reprendray l'envie!

LUCILE

Tant mieux; c'est m'obliger.

ÉRASTE

>Non, non, n'ayez pas peur
Que je fausse parole ; eussay-je un foible cœur
Jusques à n'en pouvoir effacer vôtre image,
Croyez que vous n'aurez jamais cet avantage
De me voir revenir.

LUCILE

>Ce seroit bien en vain.

ÉRASTE

Moy-mesme, de cent coups je percerois mon sein
Si j'avois jamais fait cette bassesse insigne
De vous revoir, après ce traitement indigne.

LUCILE

Soit ; n'en parlons donc plus.

ÉRASTE

>Ouy, ouy, n'en parlons plus,
Et, pour trancher icy tous propos superflus
Et vous donner, ingrate, une preuve certaine
Que je veux sans retour sortir de vôtre chaisne,
Je ne veux rien garder qui puisse retracer
Ce que de mon esprit il me faut effacer.
Voicy vostre portrait ; il présente à la veue
Cent charmes merveilleux dont vous estes pourveue,
Mais il cache sous eux cent deffauts aussi grans,

Et c'est un imposteur enfin que je vous rens.

GROS-RENÉ

Bon.

LUCILE

Et moy, pour vous suivre au dessein de tout rendre,
Voilà le diamant, que vous m'aviez fait prendre.

MARINETTE

Fort bien.

ÉRASTE

Il est à vous encor ce bracelet.

LUCILE

Et cette agathe à vous, qu'on fit mettre en cachet.

ÉRASTE *lit :*

Vous m'aymez d'une amour extrême,
Éraste, et de mon cœur voulez estre éclaircy ;
Si je n'ayme Éraste de mesme,
Au moins aimay-je fort qu'Éraste m'ayme ainsi.

LUCILE.

ÉRASTE *continue :*

Vous m'asseuriez par là d'agréer mon service ?
C'est une fausseté, digne de ce supplice.

LUCILE *lit :*

J'ignore le destin de mon amour ardente
Et jusqu'à quand je soufriray,

Mais je sçays, ô beauté charmante,
Que toujours je vous aymeray.

ÉRASTE.

Elle continue :

Voilà qui m'asseuroit à jamais de vos feux ?
Et la main, et la lettre, ont menty toutes deux.

GROS-RENÉ

Poussez.

ÉRASTE

Elle est de vous ? Suffit ; mesme fortune.

MARINETTE

Ferme.

LUCILE

J'aurois regret d'en épargner aucune.

GROS-RENÉ

N'ayez pas le dernier.

MARINETTE

Tenez bon jusqu'au bout.

LUCILE

Enfin, voilà le reste.

ÉRASTE

Et, grâce au Ciel, c'est tout.
Que sois-je exterminé, si je ne tiens parole !

LUCILE

Me confonde le Ciel, si la mienne est frivole.

II.   15

ÉRASTE

Adieu donc.

LUCIE

Adieu donc.

MARINETTE

Voilà qui va des mieux.

GROS-RENÉ

Vous triomphez.

MARINETTE

Allons, ostez-vous de ses yeux.

GROS-RENÉ

Retirez-vous, après cet effort de courage.

MARINETTE

Qu'attendez-vous encor ?

GROS-RENÉ

Que faut-il davantage ?

ÉRASTE

Ha, Lucile, Lucile, un cœur comme le mien
Se fera regrèter, et je le sçay fort bien.

LUCILE

Éraste, Éraste, un cœur, fait comme est fait le vôtre,
Se peut facilement réparer par un autre.

ERASTE

Non, non; cherchez partout, vous n'en aurez jamais
De si passionné pour vous, je vous promets.
Je ne dis pas cela pour vous rendre attendrie;
J'aurois tort d'en former encore quelque envie.
Mes plus ardents respects n'ont pu vous obliger;
Vous avez voulu rompre, il n'y faut plus songer,
Mais personne après moy, quoy qu'on vous fasse entendre,
N'aura jamais pour vous de passion si tendre.

LUCILE

Quand on ayme les gens, on les traite autrement;
On fait de leur personne un meilleur jugement.

ÉRASTE

Quand on ayme les gens, on peut de jalousie,
Sur beaucoup d'apparence, avoir l'âme saisie,
Mais, alors qu'on les ayme, on ne peut en effet
Se résoudre à les perdre; et vous, vous l'avez fait.

LUCILE

La pure jalousie est plus respectueuse;

ÉRASTE

On voit d'un œil plus doux une offense amoureuse.

LUCILE

Non, vôtre cœur, Éraste, estoit mal enflammé;

ÉRASTE

Non; Lucile, jamais vous ne m'avez aymé.

LUCILE

Eh, je croy que cela foiblement vous soucie.
Peut-estre en seroit-il beaucoup mieux pour ma vie
Si je... Mais laissons là ces discours superflus.
Je ne dis point quels sont mes pensers là-dessus.

ÉRASTE

Pourquoy ?

LUCILE

          Par la raison que nous rompons ensemble,
Et que cela n'est plus de saison, ce me semble.

ÉRASTE

Nous rompons ?

LUCILE

          Ouy, vrayment; quoy, n'en est-ce pas fait ?

ÉRASTE

Et vous voyez cela d'un esprit satisfait ?

LUCILE

Comme vous.

ÉRASTE

          Comme moy ?

LUCILE

          Sans doute. C'est foiblesse
De faire voir aux gens que leur perte nous blesse.

ÉRASTE

Mais, cruelle, c'est vous qui l'avez bien voulu.

LUCILE

Moy ? Point du tout ; c'est vous qui l'avez résolu.

ÉRASTE

Moy ? Je vous ay creu là faire un plaisir extrême.

LUCILE

Point ; vous avez voulu vous contenter vous-mesme.

ÉRASTE

Mais, si mon cœur encor revouloit sa prison?
Si, tout fâché qu'il est, il demandoit pardon.....

LUCILE

Non, non, n'en faites rien ; ma foiblesse est trop grande;
J'aurois peur d'accorder trop tost votre demande.

ÉRASTE

Ha, vous ne pouvez pas trop tost me l'accorder,
Ny moy, sur cette peur, trop tost le demander.
Consentez-y, Madame ; une flame si belle
Doit, pour vostre intérest, demeurer immortelle.
Je le demande enfin; me l'accorderez-vous,
Ce pardon obligeant ?

LUCILE

Remenez-moy chez nous.

SCÈNE IV

MARINETTE, GROS-RENÉ

MARINETTE

O, la lâche personne !

GROS-RENÉ

Ha, le foible courage !

MARINETTE

J'en rougis de dépit.

GROS-RENÉ

J'en suis gonflé de rage.
Ne t'imagine pas que je me rende ainsi.

MARINETTE

Et ne pense pas, toy, trouver ta dupe aussi.

GROS-RENÉ

Vien, vien froter ton nez auprès de ma colère.

MARINETTE

Tu nous prens pour une autre, et tu n'as pas affaire
A ma sotte Maistresse. Ardez le beau museau,
Pour nous donner envie encore de sa peau !
Moy, j'aurois de l'amour pour ta chienne de face ?

Moy, je te chercherois ? Ma foy, l'on t'en fricasse
Des filles comme nous.

GROS-RENÉ

Ouy ? Tu le prens par là ?
Tien, tien, sans y chercher tant de façon, voilà
Ton beau galand de neige, avec ta nompareille ;
Il n'aura plus l'honneur d'estre sur mon oreille.

MARINETTE

Et toy, pour te monstrer que tu m'es à mépris,
Voilà ton demi-cent d'épingles de Paris,
Que tu me donnas hier avec tant de fanfarre.

GROS-RENÉ

Tiens encor ton couteau. La pièce est riche et rare ;
Il te coûta six blancs, lors que tu m'en fis don.

MARINETTE

Tiens tes ciseaux, avec ta chaisne de lèton.

GROS-RENÉ

J'oubliois d'avant-hier ton morceau de fromage.
Tiens, je voudrois pouvoir rejetter le potage
Que tu me fis manger, pour n'avoir rien à toy.

MARINETTE

Je n'ay point maintenant de tes lettres sur moy,
Mais j'en feray du feu jusques à la dernière.

GROS-RENÉ

Et des tiennes, tu sçais ce que j'en sçauray faire.

MARINETTE

Prens garde à ne venir jamais me reprier.

GROS-RENÉ

Pour couper tout chemin à nous repatrier,
Il faut rompre la paille. Une paille rompue
Rend, entre gens d'honneur, une affaire conclue.
Ne fay point les doux yeux ; je veux estre fâché.

MARINETTE

Ne me lorgne point, toy ; j'ay l'esprit trop touché.

GROS-RENÉ

Romps ; voilà le moyen de ne s'en plus dédire ;
Romps. — Tu ris, bonne beste !

MARINETTE

                    Ouy, car tu me fais rire.

GROS-RENÉ

La peste soit ton ris ! Voilà tout mon courroux
Déjà dulcifié. Qu'en dis-tu ! Romprons-nous,
Ou ne romprons-nous pas ?

MARINETTE

                    Voy.

GROS-RENÉ

Voy, toy.

MARINETTE

Voy, toy-mesme.

GROS-RENÉ

Est-ce que tu consens que jamais je ne t'ayme ?

MARINETTE

Moy ? Ce que tu voudras.

GROS-RENÉ

Ce que tu voudras, toy.
Dy.

MARINETTE

Je ne diray rien.

GROS-RENÉ

Ny moy non plus.

MARINETTE

Ny moy.

GROS-RENÉ

Ma foy, nous ferons mieux de quitter la grimace.
Touche ; je te pardonne.

MARINETTE

Et moy, je te fais grâce.

GROS-RENÉ

Mon Dieu, qu'à tes appas je suis acoquiné !

MARINETTE

Que Marinette est sotte après son Gros-René !

ACTE V

SCÈNE PREMIÈRE

MASCARILLE

EZ que l'obscurité régnera
dans la Ville,
« Je me veux introduire au
logis de Lucile ;
« Va viste de ce pas prépa-
rer, pour tantost,
« Et la lanterne sourde, et les
armes qu'il faut. »
Quand il m'a dit ces mots, il m'a semblé d'entendre :
« Va vistement chercher un licou pour te pendre ».

Venez çà, mon patron ; car, dans l'étonnement
Où m'a jetté d'abord un tel commandement,
Je n'ay pas eu le temps de vous pouvoir répondre,
Mais je vous veux icy parler, et vous confondre ;
Deffendez-vous donc bien, et raisonnons sans bruit :
« Vous voulez, dites-vous, aller voir, cette nuit,
Lucile ? — Ouy, Mascarille. — Et que pensez-vous faire ?
— Une action d'amant qui veut se satisfaire.
— Une action d'un homme à fort petit cerveau,
Que d'aller, sans besoin, risquer ainsi sa peau.
— Mais tu sçais quel motif à ce dessein m'appelle ;
Lucile est irritée. — Eh bien, tant pis pour elle.
— Mais l'Amour veut que j'aille appaiser son esprit.
— Mais l'Amour est un sot, qui ne sçait ce qu'il dit ;
Nous garantira-t-il, cet Amour, je vous prie,
D'un Rival, ou d'un Père, ou d'un Frère en furie ?
— Penses-tu qu'aucun d'eux songe à nous faire mal ?
— Ouy, vrayment, je le pense, et, sur tout, ce Rival.
— Mascarille, en tout cas, l'espoir où je me fonde,
Nous irons bien armez, et, si quelqu'un nous gronde,
Nous nous chamaillerons. — Ouy ? Voilà justement
Ce que vostre Valet ne prétend nullement.
Moy, chamailler ? Bon Dieu, suis-je un Roland, mon Maistre,
Ou quelque Ferragû ? C'est fort mal me connoistre.
Quand je viens à songer, moy, qui me suis si cher,
Qu'il ne faut que deux doits d'un misérable fer

Dans le corps, pour vous mettre un humain dans la bierre,
Je suis scandalisé d'une étrange manière.
— Mais tu seras armé de pied en cap. — Tant pis ;
J'en seray moins léger à gagner le taillis,
Et, de plus, il n'est point d'armure si bien jointe
Où ne puisse glisser une vilaine pointe.
— Oh ! tu seras ainsi tenu pour un poltron.
— Soit, pourveu que tousjours je branle le menton.
A table, contez-moi, si vous voulez, pour quatre,
Mais contez-moi pour rien, s'il s'agit de se batre.
Enfin, si l'autre Monde a des charmes pour vous,
Pour moy, je trouve l'air de celuy-cy fort doux ;
Je n'ay pas grande faim de mort, ny de blessure,
Et vous ferez le sot tout seul, je vous asseure ».

SCÈNE II

VALERE, MASCARILLE

VALÈRE

Je n'ay jamais trouvé de jour plus ennuyeux.
Le Soleil semble s'estre oublié dans les Cieux,
Et jusqu'au lit qui doit recevoir sa lumière
Je voy rester encore une telle carrière
Que je croy que jamais il ne l'achèvera,
Et que de sa lenteur mon âme enragera.

MASCARILLE

Et cet empressement pour s'en aller dans l'ombre
Pescher viste, à tastons, quelque sinistre encombre...
Vous voyez que Lucile, entière en ses rebuts...

VALÈRE

Ne me fay point icy de contes superflus.
Quand j'y devrois trouver cent embûches mortelles,
Je sens de son couroux des gesnes trop cruelles,
Et je veux l'adoucir, ou terminer mon sort.
C'est un point résolu.

MASCARILLE

                    J'approuve ce transport,
Mais le mal est, Monsieur, qu'il faudra s'introduire
En cachette.....

VALÈRE

            Fort bien.

MASCARILLE

                    Et j'ay peur de vous nuire.

VALÈRE

Et comment ?

MASCARILLE

                Une toux me tourmente à mourir,
Dont le bruit importun vous fera descouvrir ;
De moment en moment... Vous voyez le supplice.

VALÈRE

Ce mal te passera ; pren du jus de réglice.

MASCARILLE

Je ne croy pas, Monsieur, qu'il se veuille passer.
Je serois ravy, moy, de ne vous point laisser,
Mais j'aurois un regret mortel, si j'estois cause
Qu'il fust à mon cher Maistre arrivé quelque chose.

SCÈNE III

VALÈRE, LA RAPIÈRE, MASCARILLE

LA RAPIÈRE

Monsieur, de bonne part je viens d'être informé
Qu'Éraste est contre vous fortement animé,
Et qu'Albert parle aussi de faire, pour sa fille,
Rouer jambes et bras à vostre Mascarille.

MASCARILLE

Moy ? Je ne suis pour rien dans tout cet embarras.
Qu'ay-je fait, pour me voir rouer jambes et bras ?
Suis-je donc gardien, pour employer ce stile,
De la virginité des filles de la Ville ?
Sur la tentation ay-je quelque crédit ?
Et puis-je mais, chétif, si le cœur leur en dit ?

VALÈRE

Oh, qu'ils ne seront pas si meschans qu'ils le disent!
Et, quelque belle ardeur que ses feux luy produisent,
Éraste n'aura pas si bon marché de nous.

LA RAPIÈRE

S'il vous faisoit besoin, mon bras est tout à vous;
Vous sçavez, de tout temps, que je suis un bon frère.

VALÈRE

Je vous suis obligé, Monsieur de La Rapière.

LA RAPIÈRE

J'ay deux amis aussi, que je puis vous donner,
Qui contre tous venans sont gens à dégaîner
Et sur qui vous pourrez prendre toute asseurance.

MASCARILLE

Acceptez-les, Monsieur,

VALÈRE

                    C'est trop de complaisance.

LA RAPIÈRE

Le petit Gille encore eust pu nous assister,
Sans le triste accident qui nous vient de l'oster.
Monsieur, le grand dommage, et l'homme de service!
Vous avez sçeu le tour que luy fit la Justice;

Il mourut en Cœsar, et, luy cassant les os,
Le Bourreau ne luy put faire lâcher deux mots.

VALÈRE

Monsieur de La Rapière, un homme de la sorte
Doit être regreté ; mais, quant à vostre escorte,
Je vous rend grâce.

LA RAPIÈRE

Soit ; mais soyez averty
Qu'il vous cherche, et vous peut faire un mauvais party.

VALÈRE

Et moy, pour vous montrer combien je l'appréhende,
Je luy veux, s'il me cherche, offrir ce qu'il demande,
Et par toute la Ville aller présentement,
Sans estre accompagné, que de luy seulement.

MASCARILLE

Quoy, Monsieur, vous voulez tenter Dieu ? Quelle audace !
Las, vous voyez tous deux comme l'on nous menace,
Combien, de tous costez...

VALÈRE

Que regardes-tu là ?

MASCARILLE

C'est qu'il sent le baston du costé que voilà.
Enfin, si maintenant ma prudence en est creue,

Ne nous obstinons point à rester dans la rue ;
Allons nous renfermer.

VALÈRE

                    Nous renfermer ? Faquin,
Tu m'oses proposer un acte de coquin ?
Sus, sans plus de discours, résous-toy de me suivre.

MASCARILLE

Hé, Monsieur, mon cher Maistre, il est si doux de vivre ;
On ne meurt qu'une fois, et c'est pour si longtemps !

VALÈRE

Je m'en vais t'assommer de coups, si je t'entens.
Ascagne vient icy ; laissons-le ; il faut attendre
Quel party de luy-même il résoudra de prendre.
Cependant avec moy viens prendre à la maison
Pour nous frotter.

MASCARILLE

                    Je n'ay nulle démangeaison.
Que maudit soit l'amour, et les filles maudites,
Qui veulent en tâter, puis font les chatemites !

SCÈNE IV

ASCAGNE, FROSINE

ASCAGNE

Est-il bien vray, Frosine, et ne resvay-je point ?
De grâce, contez-moi bien tout, de poinct en poinct.

FROSINE

Vous en sçaurez assez le détail; laissez faire.
Ces sortes d'incidens ne sont, pour l'ordinaire,
Que redits trop de fois de moment en moment.
Suffit que vous sçachiez qu'après ce testament
Qui vouloit un garçon pour tenir sa promesse,
De la Femme d'Albert la dernière grossesse
N'accoucha que de vous, et que luy, dessous main
Ayant depuis long-temps concerté son dessein,
Fit son fils de celuy d'Ignès, la Bouquetière,
Qui vous donna pour sienne à nourrir à ma mère.
La mort ayant ravy ce petit innocent
Quelque dix mois après, Albert étant absent,
La crainte d'un Époux et l'amour maternelle
Firent l'événement d'une ruse nouvelle.
Sa Femme en secret lors se rendit son vray sang ;
Vous devintes celuy qui tenoit vôtre rang,

Et la mort de ce fils, mis dans vôtre famille,
Se couvrit, pour Albert, de celle de sa fille.
Voilà de vostre Sort un mistère éclaircy,
Que vostre feinte mère a caché jusqu'icy ;
Elle en dit des raisons, et peut en avoir d'autres
Par qui ses intérests n'estoient pas tous les vôtres.
Enfin, cette visite, où j'espérois si peu,
Plus qu'on ne pouvoit croire a servy vostre feu.
Cette Ignès vous relâche, et, par vôtre autre affaire
L'éclat de son secret devenu nécessaire,
Nous en avons nous deux vostre Père informé.
Un billet de sa Femme a le tout confirmé,
Et, poussant plus avant encore nostre pointe,
Quelque peu de fortune à nôtre adresse jointe,
Aux intérests d'Albert, de Polidore après,
Nous avons ajusté si bien les intérests,
Si doucement à luy déplié ces mistères
Pour n'effaroucher pas d'abord trop les affaires ;
Enfin, pour dire tout, mené si prudemment
Son esprit pas à pas à l'accommodement
Qu'autant que vostre Père il monstre de tendresse
A confirmer les nœuds qui font vostre allégresse.

ASCAGNE

Ha, Frosine, la joye ou vous m'acheminez...
Et que ne dois-je point à vos soins fortunez !

FROSINE

Au reste, le bon homme est en humeur de rire,
Et pour son fils encor nous deffend de rien dire.

SCÈNE V

ASCAGNE, FROSINE, POLIDORE

POLIDORE

Approchez-vous, ma fille. Un tel nom m'est permis,
Et j'ay sçeu le secret que cachoient ces habits.
Vous avez fait un trait, qui, dans sa hardiesse,
Fait briller tant d'esprit et tant de gentillesse
Que je vous en excuse, et tiens mon fils heureux
Quand il sçaura l'objet de ses soins amoureux.
Vous valez tout un Monde, et c'est moy qui l'asseure.
Mais le voicy; prenons plaisir de l'avanture.
Allez faire venir tous vos gens promptement.

ASCAGNE

Vous obéir sera mon premier compliment.

SCÈNE VI

MASCARILLE, POLIDORE, VALÈRE

MASCARILLE

Les disgrâces souvent sont du Ciel révélées.
J'ay songé, cette nuit, de perles défilées

Et d'œufs cassez, Monsieur; un tel songe m'abbat.

VALÈRE

Chien de poltron !

P,OLIDORE

               Valère, il s'apreste un combat
Où toute ta valeur te sera nécessaire.
Tu vas avoir en teste un puissant adversaire.

MASCARILLE

Et personne, Monsieur, qui se veuille bouger
Pour retenir des gens qui se vont égorger ?
Pour moy, je le veux bien ; mais au moins, s'il arrive
Qu'un funeste accident de vôtre fils vous prive,
Ne m'en accusez point.

POLIDORE

               Non, non ; en cet endroit
Je le pousse moy-mesme à faire ce qu'il doit.

MASCARILLE

Père dénaturé !

VALÈRE

               Ce sentiment, mon Père,
Est d'un homme de cœur, et je vous en révère.
J'ai deu vous offencer, et je suis criminel
D'avoir fait tout cecy sans l'aveu paternel ;
Mais, à quelque dépit que ma faute vous porte,

La nature toujours se montre la plus forte,
Et vostre honneur fait bien quand il ne veut pas voir
Que le transport d'Éraste ait de quoy m'émouvoir.

POLIDORE

On me faisoit tantost redouter sa menace,
Mais les choses depuis ont bien changé de face,
Et, sans le pouvoir fuir, d'un ennemy plus fort
Tu vas estre attaqué.

MASCARILLE

Point de moyen d'accord ?

VALÈRE

Moy, le fuir ? Dieu m'en garde ! Et qui donc pourroit-ce estre ?

POLIDORE

Ascagne.

VALÈRE

Ascagne ?

POLIDORE

Oüy ; tu le vas voir paroistre.

VALÈRE

Luy, qui de me servir m'avoit donné sa foy ?

POLIDORE

Oüy, c'est luy qui prétend avoir affaire à toy,
Et qui veut, dans le champ où l'honneur vous appelle,
Qu'un combat, seul à seul, vuide vôtre querelle.

MASCARILLE

C'est un brave homme; il sçait que les cœurs généreux
Ne mettent point les gens en compromis pour eux.

POLIDORE

Enfin, d'une imposture ils te rendent coupable,
Dont le ressentiment m'a paru raisonnable,
Si bien qu'Albert et moy sommes tombez d'accord
Que tu satisferois Ascagne sur ce tort,
Mais aux yeux d'un chacun, et sans nulles remises,
Dans les formalitez en pareil cas requises.

VALÈRE

Et Lucile, mon Père, a d'un cœur endurcy...

POLIDORE

Lucile épouse Éraste, et te condamne aussi,
Et, pour convaincre mieux tes discours d'injustice,
Veut qu'à tes propres yeux cet hymen s'accomplisse.

VALÈRE

Ha, c'est une impudence à me mettre en fureur;
Elle a donc perdu sens, foy, conscience, honneur!

SCÈNE VII

MASCARILLE, LUCILE, ÉRASTE, POLIDORE,
ALBERT, VALÈRE

ALBERT

Hé bien, les combattans ? On ameine le nôtre.
Avez-vous disposé le courage du vôtre ?

VALÈRE

Ouy, ouy, me voylà prest, puis qu'on m'y veut forcer,
Et, si j'ay pu trouver sujet de balancer,
Un reste de respect en pouvoit estre cause,
Et non pas la valeur du bras que l'on m'oppose.
Mais c'est trop me pousser ; ce respect est à bout ;
A toute extrémité mon esprit se résout,
Et l'on fait voir un trait de perfidie étrange,
Dont il faut hautement que mon amour se vange.
— Non pas que cet amour prétende encore à vous ;
Tout son feu se résout en ardeur de courroux,
Et, quand j'auray rendu vostre honte publique,
Vostre coupable hymen n'aura rien qui me pique.
Allez, ce procédé, Lucile, est odieux ;
A peine en puis-je croire au rapport de mes yeux ;
C'est de toute pudeur se montrer ennemie,
Et vous devriez mourir d'une telle infamie.

II.   18

LUCILE

Un semblable discours me pourroit affliger
Si je n'avois en main qui m'en sçaura vanger.
Voicy venir Ascagne ; il aura l'avantage
De vous faire changer bien viste de langage,
Et sans beaucoup d'effort.

SCÈNE VIII

MASCARILLE, LUCILE, ÉRASTE, ALBERT, VALÈRE,
GROS-RENÉ, MARINETTE, ASCAGNE,
FROSINE, POLIDORE

VALÈRE

Il ne le fera pas,
Quand il joindroit au sien encor vingt autres bras.
Je le plains de défendre une sœur criminelle,
Mais, puis que son erreur me veut faire querelle,
Nous le satisferons, et vous, mon brave, aussi.

ÉRASTE

Je prenois intérest tantost à tout cecy,
Mais enfin, comme Ascagne a pris sur luy l'affaire,
Je ne veux plus en prendre, et je le laisse faire.

VALÈRE

C'est bien fait ; la prudence est toujours de saison,
Mais...

ÉRASTE

Il sçaura pour tous vous mettre à la raison.

VALÈRE

Luy ?

POLIDORE

Ne t'y trompe pas ; tu ne sçais pas encore
Quel estrange garçon est Ascagne.

ALBERT

Il l'ignore,
Mais il pourra dans peu le luy faire savoir.

VALÈRE

Sus donc ; que maintenant il me le fasse voir.

MARINETTE

Aux yeux de tous ?

GROS-RENÉ

Cela ne seroit pas honneste.

VALÈRE

Se mocque-t-on de moy ? Je casseray la tête
A quelqu'un des rieurs. Enfin, voyons l'effet.

ASCAGNE

Non, non, je ne suis pas si meschant qu'on me fait,
Et, dans cette avanture où chacun m'intéresse,
Vous allez voir plustost éclater ma foiblesse,

Connoistre que le Ciel, qui dispose de nous,
Ne me fit pas un cœur pour tenir contre vous,
Et qu'il vous réservoit, pour victoire facile,
De finir le destin du Frère de Lucile.
Ouy, bien loin de vanter le pouvoir de mon bras,
Ascagne va par vous recevoir le trépas,
Mais il veut bien mourir, si sa mort nécessaire
Peut avoir maintenant de quoy vous satisfaire,
En vous donnant pour Femme, en présence de tous,
Celle qui, justement, ne peut estre qu'à vous.

VALÈRE

Non, quand toute la Terre, après sa perfidie
Et les traits effrontez...

ASCAGNE

　　　　　　　Ah, souffrez que je die,
Valère, que le cœur qui vous est engagé
D'aucun crime envers vous ne peut estre chargé;
Sa flame est toujours pure et sa constance extrême,
Et j'en prens à témoin vostre Père luy-mesme.

POLIDORE

Ouy, mon fils. C'est assez rire de ta fureur,
Et je voy qu'il est temps de te tirer d'erreur.
Celle, à qui par serment ton âme est attachée,
Sous l'habit que tu vois à tes yeux est cachée;
Un intérest de bien, dès ses plus jeunes ans,

Fit ce déguisement, qui trompe tant de gens,
Et depuis peu l'amour en a sçeu faire un autre
Qui t'abusa, joignant leur famille à la nostre.
Ne va point regarder à tout le monde aux yeux ;
Je te fais maintenant un discours sérieux.
Ouy, c'est elle, en un mot, dont l'adresse subtile,
La nuit, reçeut ta foy sous le nom de Lucile,
Et qui, par ce ressort qu'on ne comprenoit pas,
A semé parmy vous un si grand embarras.
Mais, puis qu'Ascagne icy fait place à Dorothée,
Il faut voir de vos feux toute imposture ostée
Et qu'un nœud plus sacré donne force au premier.

ALBERT

Et c'est là justement ce combat singulier
Qui devoit envers nous réparer vôtre offence,
Et pour qui les Édits n'ont point fait de deffence.

POLIDORE

Un tel événement rend tes espris confus,
Mais en vain tu voudrois balancer là-dessus.

VALÈRE

Non, non ; je ne veux pas songer à m'en deffendre,
Et, si cette aventure a lieu de me surprendre,
La surprise me flate, et je me sens saisir
Dé merveille à la fois, d'amour et de plaisir.
Se peut-il que ces yeux...

ALBERT

Cet habit, cher Valère,
Souffre mal les discours que vous luy pourriez faire.
Allons luy faire en prendre un autre, et cependant
Vous sçaurez le détail de tout cet incident.

VALÈRE

Vous, Lucile, pardon si mon âme abusée.....

LUCILE

L'oubly de cette injure est une chose aisée.

ALBERT

Allons, ce compliment se fera bien chez nous,
Et nous aurons loisir de nous en faire tous.

ÉRASTE

Mais vous ne songez pas, en tenant ce langage,
Qu'il reste encore icy des sujets de carnage.
Voilà bien à tous deux nostre amour couronné ;
Mais, de son Mascarille, et de mon Gros-René,
Par qui doit Marinette estre icy possédée ?
Il faut que par le sang l'affaire soit vuidée.

MASCARILLE

Nenny, nenny ; mon sang dans mon corps sied trop bien ;
Qu'il l'espouse en repos, cela ne me fait rien.
De l'humeur que je sçay la chère Marinette,
L'hymen ne ferme pas la porte à la fleurette.

MARINETTE

Et tu crois que de toy je ferois mon galand ?
Un mary, passe encor; tel qu'il est on le prend ;
On n'y va pas chercher tant de cérémonie,
Mais il faut qu'un galand soit fait à faire envie.

GROS-RENÉ

Escoute; quand l'hymen aura joint nos deux peaux,
Je prétens qu'on soit sourde à tous les Damoiseaux.

MASCARILLE

Tu crois te marier pour toy tout seul, compère ?

GROS-RENÉ

Bien entendu ; je veux une Femme sévère,
Ou je feray beau bruit.

MASCARILLE

        Eh ! mon Dieu, tu feras
Comme les autres font, et tu t'adouciras.
Ces gens, avant l'hymen, si fâcheux et critiques
Dégénèrent souvent en maris pacifiques.

MARINETTE

Va, va, petit mary, ne crains rien de ma foy;
Les douceurs ne feront que blanchir contre moy,
Et je te diray tout.

MASCARILLE

        Oh, las, fine pratique !

Un mary confident !

MARINETTE

Taisez-vous, as de pique !

ALBERT

Pour la troisième fois, allons-nous-en chez nous
Poursuivre en liberté des entretiens si doux.

DÉPIT AMOUREUX

EXPLICATION DES PLANCHES

Faux-Titre. — Le titre de la Pièce, accosté de deux petits Amours, qui se tournent le dos et se boudent.

Notice. — En-tête. Au centre un vase ; de chaque côté, deux pigeons sous un pavillon.

— Lettre C. Un jeune Page présentant l'écu de la Ville de Béziers, d'argent à trois fasces de gueules, au chef de France, surmonté de la date 1656. C'est à la fin de cette année que le *Dépit* y a été représenté pendant la tenue des Etats.

— Cul de lampe. Des deux côtés d'un vase plein de fleurs, les deux petits médaillons d'Éraste et de Lucile ; sur les rinceaux, des paquets de billets, liés avec des rubans.

La grande composition représente la querelle des deux amoureux. A gauche, Éraste et Lucile ; à droite, Gros-René et Marinette. Au fond, la grande porte de la maison du Père de Lucile.

> *Voilà qui m'asseuroit à jamais de vos feux ;*
> *Et la main et la lettre ont menti toutes deux.*

Acte IV, sc. III, v. 1355-56.

Cadre du Titre. — En haut une vue de Béziers avec le pont de

II.   19

l'Orb et la grande église de Saint-Nazaire. Dans les montants, à dextre, les armes de Béziers, à senestre, les armes de Paris, portées par des Amours, au dessous desquels la clochette avec laquelle Albert fera fuir Métaphraste. Plus bas, à dextre, Éraste reconduisant Lucile, qui vient de lui dire : *Remenez-moi chez nous* (Acte IV, sc. III, v. 1411); à senestre, Gros-René, disant à Marinette : *Romprons-nous, — Ou ne romprons-nous pas* (ibidem, sc. IV, v. 1448-9)? Au dessous, deux jeunes Termes, dont l'un va jouer de la flûte, quand l'autre écarte la sienne de ses lèvres. Tout au bas, de chaque côté, des Amours se réconcilient et s'embrassent.

ÉPITRE DÉDICATOIRE. — En-tête. Les armoiries de Monsieur Charles Hourlier, d'or à trois têtes d'ours de sable emmuselées d'argent.

— Lettre S. Deux petits Amours ailés applaudissent aux beaux endroits.

— Cul de lampe. Les armes de Monsieur Hourlier au milieu d'un H et d'un C doublé.

CADRE DES PERSONNAGES. — Au milieu des montants, à droite et à gauche, les portraits de Lucile et d'Éraste. Au bas, la vue, à partir de la porte centrale, de la partie droite de la façade du Palais Royal, avec l'entrée d'une rue qui est maintenant la rue de Valois; on y aperçoit, le long du Palais Royal, l'entrée provisoire du Théâtre de MONSIEUR, de qui l'on voit en haut les armes, de France au lambel de trois pendants d'argent. Sur les rinceaux, deux Amours enfants; l'un, qui se rapporte à Éraste, lit un billet de Lucile; l'autre, qui se rapporte à Lucile, déchire un billet d'Éraste.

ACTE I. — En-tête. Au milieu du haut, les armes de Béziers, et au-dessous l'arc de l'Amour. Assis sur les rinceaux, à gauche, Éraste regardant avec colère le portrait de Lucile; à droite, Lucile, lisant avec amour un billet d'Éraste. Au bas, du côté de Lucile, deux pigeons se tournent le dos, et, du côté d'Éraste, deux autres pigeons se tournant le dos et tenant dans leurs becs la paille de Gros-René et de Marinette.

— Lettre V. Éraste lisant le billet de Lucile, que Marinette vient de lui remettre : *Tenez, voyez ce mot, et sortez hors de doute ;* — *Lisez-le donc tout haut ; personne icy n'écoute* (Scène I, vers 133-4). Derrière Marinette, Gros-René.

— Cul de lampe. Éraste venant de déchirer le billet de Lucile ; au fond, Gros-René disant des injures à Marinette (Scène V).

ACTE II. — En-tête. Éraste disant à Frosine : *Prenons garde qu'aucun ne nous vienne surprendre* (Scène I, v. 343). Dans le fond, très-loin, Valère.

— Lettre A. Ascagne, Frosine et Valère, les saluant et leur disant : *Si vous estes tous deux en quelque conférence.....* (Scène II, v. 475).

— Cul de lampe. Albert sonne une clochette de mulet ; dans le fond Métaphraste, qui s'enfuit : *Miséricorde ; à l'ayde* (Scène VI, v. 776).

ACTE III. En-tête. Sur le premier plan, les deux pères, Albert et Polidore, agenouillés et dans les bras l'un de l'autre : *Embrassons nous en frères* (Scène IV, v. 870). Au fond, le pavillon de l'ancienne Porte Saint-Bernard à Paris avec les tourelles et le mur de fortification qui rejoignaient la Seine ; à l'horizon, dans la Cité, le clocher et les tours de Notre-Dame.

— Lettre L. Mascarille, venant de dire : *Sans perdre un seul moment, je m'en vais trouver l'autre* (Scène I, v. 790), et frappant à la porte d'Albert.

— Cul de lampe. Valère levant l'épée sur Mascarille, qui lui dit : *Je ne saurois mourir quand je suis regardé* (Scène XI, v. 1131).

ACTE IV. — En-tête. Au fond, à gauche, Lucile et Marinette ; à droite, Gros-René disant à Éraste : *Mais je les voy, Monsieur, qui passent par icy* (Scène II, v. 1288).

— Lettre L. Ascagne et Frosine, vus de dos et s'en allant en se donnant la main : *Nous pourrons, en marchant, parler de cette affaire* (Scène I, v. 1186).

— Cul de lampe. Marinette et Gros-René, tenant derrière lui la paille : *Touche; je te pardonne.* — *Et moi, je te fais grâce.* (Scène IV, v. 1454). Dans l'ornement, un petit Amour avec des ailes de papillon et des pieds de Satyre.

Acte V. — En-tête. Monsieur de La Rapière offrant obséquieusement ses services à Éraste, accompagné de Mascarille : *S'il vous faisoit besoin, mon bras est tout à vous.* (Sc. III, v. 1540).

— Lettre D. Valère demandant à Mascarille ce qu'il regarde : *C'est qu'il sent le baston, du costé que voilà.* (Sc. III, v. 1564).

— Cul de lampe. Portrait de Lucile.

FIN DE LA TABLE DES ILLUSTRATIONS

Achevé d'imprimer a Évreux
Par Charles Hérissey
Le Six Mars Mil huit cent quatre-vingt-trois

Pour le compte de Jules Lemonnyer
Éditeur a Paris

A

MOLIERE